KB262443

이란(페르시아)어 기초 어휘집

한국외국어대학교 동양어대학 이란어과

김 영 연 엮음

2014

문예림

이란(페르시아)어 어휘집

인   쇄 : 2014년 2월 28일
발   행 : 2014년 2월 28일
저   자 : 김영연
발 행 인 : 서덕일
발 행 처 : 도서출판 문예림
등   록 : 1962년 7월 13일 제 2-110호
주   소 : 서울 광진구 군자동 1-13호 문예하우스 101호
전   화 : (02)499-1281~2
팩   스 : (02)499-1283
http://www.bookmoon.co.kr, www.ebs.co.kr
E-mail : book1281@hanmail.net

ISBN 978-89-7482-789-2 (13790)

*이 책은 2013년도 한국외국어대학교 교내학술연구비의 지원에 의한 것임

I. 머리말

이란어를 배우는데 기본적인 사전인 '페르시아어-한국어사전(김 정위엮음 1994)'과 '한국어-이란(페르시아)어 사전(엮은이: 김 영연 2012)'은 이미 발행되어 있다.

본서 '이란(페르시아)어 기초 어휘집'은 그동안 이란어 전공자들에게 이란어 교육을 위한 기초과목을 강의해 오면서, 교재에 의존한 어휘로는 학습 단계의 등급을 높이는데 어려움이 있다는 점이 본서를 준비하게 된 동기이다.

학부 정규과정 8학기의 외국어교육은, 읽기. 쓰기. 말하기. 듣기의 과정으로 크게 나눌 수 있다. 이 모든 과정은 어휘력이 뒷받침되어야 한다. 이러한 점은 어떠한 외국어교육에서도 부정할 수 없는 사실이다. 기본 강의교재에 수록된 어휘는 자신의 학습 수준과 실력 향상을 가늠하고 발전시키는데 다소 모호한 점이 없지 않다. 게다가 전공자 뿐 아니라 관심을 가지고 독학을 한다거나 대학이 아닌 환경에서 학습을 하는 경우, 스스로 어떤 단어를 어떻게 선택하여 암기해야 하는가? 라는 문제에 부딪힌 경험은 외국어 공부를 해본 독자들이라면 수긍할 것이다.

따라서 필자는 이란어 강의의 경험을 살려 그 수고를 덜어주고 착오없는 능률성을 높인다는 목적에서 이란어 어휘의 빈도수에 따라 어휘를 선택하여, 문어 발음과 그 어휘의 의미 또한 빈도수에 따라 정리하였다. 표제어가 동사인 경우는 숙어로서 활용이 높은 구와 절을 함께 구성하여 이란어 실력향상에 도움이 되도록 엮어 보았다.

약 5500어휘가 수록된 본서는 이란어 학습과정에서 초급. 중급. 고급 단계를 아우를 수 있도록 수준별 어휘로 구성하여, 이란어 전공자와 독학자에게 학습 효과를 최대한 높일 수 있다고 판단한다. 본서가 이란어 습득에 도움이 되어 독자 개개인의 올바른 교육이 이루어진다면 필자로서 그 이상의 기쁨은 없을 것이다. 필자는 본서의 발간에 최선을 다하였으나 오류와 실수는 엮은이의 책임임을 밝힌다.

아울러 본서는 2013년 한국외국어대학교 교내학술연구비의 지원으로 이루어진 것이며, 외국어에 관심을 가지고 출판을 맡아주신 문예림의 서 덕일사장님에게 깊은 감사를 드린다.

2014년 1월 엮은이

목 차

II. 일러두기

1) 표제어의 순서는 이란어 활용상 빈도수가 많은 어휘를 선택하였다.

2) 이란어. 발음. 의미의 수순으로 구성되었다.

3) 한글 의미는 그 어휘가 갖는 빈도수의 수순을 따랐다.

4) 표제어가 동사가 될 경우, 표제어의 형식을 취했다.

5) 동사의 현재어근은 의미란에 '어근'으로 설명하였다.

   단, 문자의 발음이 상이한 경우만, 발음을 로마자로 표기하였다.

6) 표제어가 포함된 구와 절은 다른 글씨체로 표시하였다.

III. 이란어 문자

	명칭	단독형	연결형	음가	(로마자) 음가
1	알레프(alef) الف	ا	ا ا ا	아.어.에.오.오	a.e.o.ã
2	베(be) بِ	ب	ببب	ㅂ	b
3	페(pe) پِ	پ	پپپ	ㅍ	p
4	테(te) تِ	ت	تتت	ㅌ	t
5	쎄(se) ثِ	ث	ثثث	ㅆ[1]	s
6	짐(jim) جِیم	ج	ججج	ㅈ[2]	j
7	체(che) چِ	چ	چچچ	ㅊ	ch
8	헤(he) حِ	ح	ححح	ㅎ	h
9	케(khe) خِ	خ	خخخ	ㅋㅎ[3]	kh
10	덜(dãl) دال	د	د د د	ㄷ	d
11	절(zãl) ذال	ذ	ذ ذ ذ	ㅈ[4]	z
12	레(re) ر	ر	ر ر ر	ㄹ	r
13	제(ze)	ز	ز ز ز	ㅈ	z

---

[1] 15. 17. 문자와 동일한 음이다. 즉, 동음이형이다.

[2] 윗치아와 아랫치아를 붙여서 내는 ㅈ음이다.

[3] 독일어의 ich의 ch발음으로 z과 ㅎ의 중간발음에 바람소리를 넣으면 가장 유사한 발음이 된다.

[4] 영어의 z음과 유사한 음으로, 13. 18. 20. 문자는 음가가 동일하다. 즉, 동음이형이다.

		ز			
14	줴(졸) ژ	ژ	ژ ژ ژ	ㅈ[5]	zh
15	씬(sin) سين	س	سسس	ㅆ	s
16	쉰(shin) شين	ش	ششش	쉬[6]	sh
17	써드(sãd) صاد	ص	صصص	ㅆ	s
18	저드(zãd) ضاد	ض	ضضض	ㅈ	z
19	터(tã) طا	ط	ططط	ㅌ	t
20	저(zã) ظا	ظ	ظظظ	ㅈ	z
21	에인('ein) عين	ع	ععع	'[7]	'
22	게인(ghein) غين	غ	غغغ	ㄱ	gh
23	훼(fe) فِ	ف	ففف	ㅍㅎ[8]	f
24	거프(qãf) قاف	ق	ققق	ㄱ	q
25	커프(kãf) كاف	ك	ككك	ㅋ	k
26	거프(gãf) گاف	گ	گگگگ	ㄱ	g
27	럼(lãm) لام	ل	للل	ㄹ	l

---

[5] 영어 zh와 유사한 발음으로, ㅈ발음에 된소리를 내면 된다.

[6] 영어 sh와 유사한 발음으로, 이 문자의 소리는 모음 ㅣ를 넣은 음절로만 설명이 가능하다.

[7] 우리글의 이응을 끊어서 발음한다.

[8] 영어 f와 유사한 발음으로, 중간 발음을 내면 가장 유사하다.

28	밈(mim) ميم	م	ممم	ㅁ	m
29	눈(nun) نون	ن	ننن	ㄴ	n
30	버브(vāv) واو	و	و و و	브[9]	v
31	헤(he) ه	ه	ههه	ㅎ[10]	h
32	예(ye) ى	ى	يىى	야. 예. 요. 여[11]	y

---

[9] 영어 v와 유사한 발음이다.

[10] 8. 문자의 명칭과 음가가 동일하다.

[11] 영어 y와 유사한 발음으로, 설명을 위해 모음(아. 에. 오. 어)을 첨가하여 발음을 설명한다.

IV. 어휘

ﺁ

آب	ãb	물.
آب گرم	ãbe garm	따뜻한 물.
آب جوش	ãbe jush	끓인 물. 온수.
آب ميوه	ãbe mive	주스. 과일주스.
اب و هوا	ãb o hã	날씨.
آب يخ	ãbe yakh	얼음물.
پر آب	por ãb	물이 많은.
آباد	ãbãd	살기좋은. 경작된. 번영하는. 지명을 의미하는 접미사.
آبادان	ãbãdãn	아바단(지명).
آبادی يافتن	ãbãdi yãftan	번성하다.
آب انبار	ãb anbãr	(지하의)저수층. 저수지. 물창고.
آبان	ãbãn	이란력 8월(서기력 10월 23일 - 11월 21일에 해당).
آب پاش	ãb pãsh	물뿌리개.
آبجو	ãb/e/jo	맥주.
آبرو	ãb/e/ru	명예. 명성. 평판.
آبرومند	ãb/e/rumand	존경할만한. 고상한. 점잖은.
آبستن	ãbestan	임신한.
آبستن شدن	ãbestan shodan	임신하다.
آبشار	ãbshãr	폭포
آبگرم کن	ãbgarmkon	온수기.
آبله	ãbele	천연두.
آب نبات	ãbnabãt	사탕.
آبی	ãbi	푸른.
آبياری	ãbyãri	관개. 물대는 것.
آبياری کردن	ãbyãri kardan	물을 대다. 관개하다.
آپارتمان	ãpãrtomãn	아파트.

آپاندیسیت	ãpãndisit	맹장염.
آتش	ãtash	불.
آتش زدن	ãtash zadan	불을 붙이다.
آتش نشان	ãtash neshãn	소방원.
آتش فشان	ãtash feshãn	화산. 화산이 분출하는.
آتشکده	ãtashkade	배화교 사원.
آتش گرفتن	ãtash gereftan	격렬해지다. 불붙다.
آتش نشان	ãtash neshãn	소방원.
آتش نشاندن	ãtash neshãndan	불길을 잡다. 불을 끄다. 진정시키다.
آثار	ãsãr	اثر 의 복수. 작품. 사적.
آجر	ãjor	벽.
آجیل	ãjil	마른 견과류.
آجیل فروشی	ãjil forushi	견과류 파는 곳.
آخ	ãkh	오!. 아!(슬픔). 아이쿠!(고통).
آخر	ãkhar	최후. 마지막. 종말.
آخرت	ãkherat	내세. 저승.
آخرین	ãkharin	최후의. 마지막의.
آخور	ãkhor	여물통.
آخوند	ãkhund	이슬람성직자.
آداب	ãdãb	ادب 의 복수. 예의. 습관.
آدامس	ãdãms	껌.
آدرس	ãdres	주소.
آدم	ãdam	아담. 인간. 사람.
آدم ربایی	ãdam robãy/'/i	유괴. 납치.
آدم کش	ãdam kosh	살인자. 암살자.
آدمیت	ãdamiyat	인성. 인간성. 인류애. 인류.
آذر	ãzar	이란력 9월(서기력 11월 22일 - 12월 21일에 해당).
آذوقه	ãzuqe	예비양식. 음식.
آراستن	ãrãstan	آرا 어근. 장식하다. 꾸미다
آراستگی	ãrãstegi	장식. 장치. 꾸밈.

آرام	ãrãm	고요한. 평화로운. 진정된. 휴식. 쉽게. 평화.
آرام بخش	ãrãm bakhsh	마음을 진정시키는.
آرامش	ãrãmesh	안식. 평정.
آرامگاه	ãrãgãh	무덤. 묘지. 영묘.
آرایش	ãrãyesh	치장. 화장. 장식.
آرایشگاه	ãrãyeshgãh	미용실. 이발소.
آرد	ãrd	밀가루. 분말가루.
آرزو	ãr/e/zu	희망. 소망. 기대.
آرزومند	ãrzumand	바라는. 희망하는. 원하는.
آرنج	ãranj	팔꿈치.
آروغ	ãrugh	트림.
آروغ زدن	ãrugh zadan	트림하다
آری = آره	ãri = ãre	응. 그래. 네.
آریا	ãryã	아리안 종족. 아리아인
آزاد	ãzãd	자유로운. 해방된. 개방된.
آزادانه	ãzãdãne	자유롭게. 제멋대로.
آزادی	ãzãdi	자유. 해방. 석방.
آزمایش	ãzmãyesh	실험. 시험.
آزمایشگاه	ãzmãyeshgãh	실험실. 시험소.
آزمودن	ãzmudan	آزما 어근. 시험하다. 실험하다. 경험하다.
آژانس	ãzhãns	대리점.
آسان	ãsãn	쉬운. 간편한. 용이하게.
به آسانی	be ãsãni	쉽게. 간편하게.
آسایش	ãsãyesh	안정. 안식. 안락.
آستر	ãstar	안감.
آستین	ãstin	소매.
آسمان	ãsemãn	하늘. 창공. 허공.
آسمان خراش	ãsemãn kharãsh	고층건물.
آسوده	ãsude	안정된. 조용한. 평안한.
آسیا	ãsiyã	아시아.
آسیب	ãsib	고통. 피해. 상해. 재난.

آسیب دیده	ãsib dide	피해자.
آش	ãsh	이란식 스프.
آشپز	ãshpaz	요리사.
آشپزخانه	ãshpazkhãne	부엌.
آشپزی	ãshpazi	요리.
آشغال	ãshghãl	쓰레기. 찌꺼기.
آشکار شدن	ãshkãr shodan	분명해지다. 밝혀지다.
آشنا	ãsh/e/nã	알고 있는. 잘 알려진. 정통한. 동료. 친지.
آشنا شدن	ãsh/e/nã shodan	알게 되다. 친숙해지다.
آشوب	ãshub	폭동. 소동. 혼잡.
آغاز	ãghãz	시작. 출발. 발단. 개시.
آغوش	ãghush	가슴. 품.
در آغوش گرفتن	dar ãghush gereftan	가슴에 안다. 껴안다.
آفتاب	ãftãb	태양. 햇빛.
آفتابه	ãftãbe	화장실용 물단지.
آفریدن	ãfaridan	آفرین 어근. 창조하다.
آفرین	ãfarin	칭찬. 박수. 잘했다!. 잘됐다!
آفرین گفتن	ãfarin goftan	칭찬하다.
آقا	ãqã	...씨(남자호칭). 신사. 선생님.
آقای...	ãqãye...	...씨.
آکادمی	ãkãdemi	아카데미
آگاه	ãgãh	잘 알려진. 알고있는.
آگهی	ãgahi	알림. 통지.
آگهی کردن	ãgahi kardan	알리다. 광고하다.
آل بویه	ãl buye	부와이흐朝(932 – 1055)
آلبوم	ãlbum	앨범.
آلت	ãlat	도구. 가구. 부품.
آلمان	ãlmãn	독일.
آلمانی	ãlmãni	독일인. 독일의. 독일어.
آلو	ãlu	살구. 매실. 서양오얏.
آلوبالو	ãlu bãlu	검은 버찌.

آلودگی	ãludegi	오염. 말려듦.
آلودن	ãludan	آلا 어근. 오염되다.
آلوده	ãlude	오염된. 더럽힌.
آلونک	ãlunak	오두막. 막사.
آماده	ãmãde	준비된.
آماده کردن	ãmãde kardan	준비하다.
آمار	ãmãr	통계.
آمبولانس	ãmburãns	구급차
آمپول	ãmpul	앰플
آمدن	ãmadan	آ 어근. 오다. (눈.비)내리다.
به... آمدن	be... ãmadan	어울리다.
آمد و رفت کردن	ãmad o raft kardan	왕래하다. 오가다.
آمریکا = امریکا	ãmerikã	미국.
آموختن	ãmukhtan	آموز 어근. 배우다. 가르치다. 교수하다.
آموزش	ãmuzesh	교육. 가르침. 학습.
آموزشگاه	ãmuzeshgãh	교육원. 학원.
آموزگار	ãmuz/e/gãr	교육자. 선생.
آمیختن	ãmikhtan	آمیز 어근. 혼합하다. 섞다.
آمیزش	ãmizesh	교제. 섞임. 혼합. 교접.
آمین	ãmin	아멘.
آن	ãn	그. 저. 그것. 저것.
آنان	ãnãn	آن 의 복수. 그들. 그녀들.
آناناس	ãnãnãs	파인애플
آنها	ãnhã	그것들. 저것들.
آنانکه...	ãnãn ke...	...하는 사람들.
آنتن	ãnten	안테나.
آنجا	ãnjã	저기. 거기. 그곳. 저곳.
از آنجایی که...	az ãnjãyi ke...	...때문에. ...처럼. ...라는 사실로.
آنچه...	ãnche...	...일. ...것. 아무리...하여도.
آنسان	ãnsãn	그렇게. 그런 방법으로.
آنطور	ãntour	그처럼. 그렇게. ...처럼.

آنفلوانزا	ãnfluanzã	유행성 독감. 인플루엔자.
آنقدر	ãnghadr	...만큼. ...정도. ...때문에.
آنقدر... که	ãnghadr... ke	매우...하기 때문에.
آنوقت	ãnvaqt	그 때.
...آنه	..ãne	...처럼.. ..롭게. ...용(用)을 의미하는 접미사.
آواره	ãvãre	방황하는. 떠도는. 헤매는.
آواز	ãvãz	소리. 음. 외침.
خوش آواز	khosh ãvãz	미성. 아름다운 소리.
آوردن	ãva/o/rdan	آر = آور 가져오다. 데려가 다. 발생하다. 원인이 되다.
آوریل	ãvril	서기력 4월
آویختن	ãvikhtan	آویز 어근. 매달다. 걸다.
آه	ãh	탄식. 한숨. 아! 슬프다.
آهار	ãhãr	아교풀. 빳빳함.
آهار زدن	ãhãr zadan	풀을 먹이다. 풀칠하다.
آهسته	ãheste	천천히. 느리게. 둔함.
آهن	ãhan	철. 금속으로 된.
آهنگ	ãhang	멜로디. 음조. 파장.
آهو	ãhu	사슴.
آیا	ãyã	의문불변화사. ...까. 이든지. 혹은.
آینده	ãyande	미래. 장래의. 앞으로 올.
ماه آینده	mãhe ãyande	다음 달. 내달.
آیین	ãyin	규칙. 룰. 규정. 의식.
آیین نامه	ãyin nãme	조례. 규정. 법규.
آیینه	ãyine	거울.
ابتداء	ebtedã'	시작. 최초. 출발. 초기.
ابتدائی	ebtedã'i	초보의. 소개하는.
دوره ی ابتدائی	doureye ebtedã'i	초급과정. 기초과정.
ابتکار	ebtekãr	혁신. 쇄신.
ابد	abad	영원성. 불멸.
أبداً	abadan	결코. 전혀.

ابداع	ebdã'	혁신. 쇄신. 변혁. 시작.
ابر	abr	구름.
ابراز	ebrãz	표명. 공표.
ابراهيم	ebrãhim	아브라함(인명).
ابرو	abru	눈썹.
ابرى	abri	구름 낀. 얼룩진.
ابريشم	abrisham	비단. 실크.
راه ابريشم	rãhe abrisham	실크로드.
كرم ابريشم	kerme abrisham	누에
ابزار	ebzãr	기구. 용구.
ابليس	eblis	악마. 마귀. 사탄.
ابن	ebn	후예. 자식. 아들. 자손.
ابن سينا	ebne sinã	이븐 씨너(인명)
ابو	abu	아버지.
ابوالفتح عمر خيام	abul fath 'omar khaiyãm	오마르 카이염(시인)
ابوالقاسم فردوسى	abul qãsem ferdosi	훼르도씨(시인)
ابوعلى سينا	abu 'ali sinã	아부 알리 씨너(=이븐 씨너)
ابهام	ebhãm	모호성. 애매함.
اتحاد	etthãd	조합. 일치. 융합.
اتحاديه	etthãdiye	단일. 연맹. 동맹.
اتفاق	ettfãq	일치. 단합. 사건. 사고.
اتفاق افتادن	ettfãq oftãdan	사건이 일어나다. 발생하다.
اتفقاً	ettfãqan	우연히. 돌발적으로.
اتكاء	ettkã	의지. 신뢰. 의지하는 사람 (물건).
اتمى	atomi	원자의.
اتو	otu	다리미.
اتو	oto	자동적인.
اتو كش	otukesh	다림질하는 사람.
اتو كشيدن	otu keshidan	다리미질 하다.
اتوبوس	otobus	버스
اتوماتيك	otomãtik	자동의.

اتومبيل	otomobil	자동차
اتهام	ettehām	힐책. 비난.
اثاثيه	asāsiye	가구. 내부시설. 용구.
اثر	asar	결과. 문학작품. 사적(史蹟).
بر اثر...	bar asar...	...결과로 해서.
اجاره	ejāre	임대. 차용. 전세.
اجاره دادن	ejāre dādan	세를 놓다. 빌려주다.
اجاره كردن	ejāre kardan	빌리다. 임대하다.
اجاره نشين	ejāre neshin	(집이나 토지의)차용자.
اجازه	ejāze	허락. 허가.
با اجازه...	bā ejāze ye,,,	...의 허가를 받고.
اجازه دادن	ejāze dādan	허락해 주다. 허가하다.
اجازه گرفتن	ejāze gereftan	허락을 받다.
اجاق	ojāq	난로.
اجبار	ejbār	필수. 강제.
اجبارى	ejbāri	의무의. 강제적으로.
اجتماع	ejtemā′	사회. 모임. 집회. 집합.
اجتناب	ejtenāb	회피. 연기. 피함.
اجداد	ajdād	جد 의 복수. 조상. 선조.
اجراء	ejrā′	실행. 처리. 이행.
اجراء كردن	ejrā′ kardan	실행하다. 이행하다.
احاطه كردن	ehāte kardan	에워싸다. 포위하다.
احترام	ehterām	경의. 존경. 존엄.
احترام گذاشتن	ehterām gozāshtan	경의를 표하다. 존경하다.
احتمال	ehtemāl	가능성. 추측. 가연성.
احتياج	ehtiyāz	필요. 요구. 가난. 곤궁.
احتياج داشتن	ehtiyāz dāshtan	필요하다. 요구하다.
احتياط	ehtiyāt	주의. 조심. 분별.
احداث	ehdās	창조. 개혁. 창작. 혁신.
احساس	ehsās	감정. 느낌. 영감. 감명.
احساسات	ehsāsāt	احساس 의 복수.
احسان	ehsān	호감. 박애. 애정. 자선.
احسن	ahsan	더 좋은. 잘 되길!. 잘 한다!.

احمد	ahmad	아흐마드(인명)
احمر	ahmar	붉은. 빨간.
احمق	ahmaq	바보. 어리석은 자. 멍청한. 우둔한.
احوال	ahvãl	حال 의 복수형. 상황. 조건. 근황. 환경.
احوال پرسی	ahvãl porsi	문안. 안부 묻기.
اخبار	akhbãr	خبر 의 복수. 뉴스. 정보.
اختر	akhtar	별. 징후.
اختراع	ekhterãh	발명. 고안. 창조.
اختصار	ekhtesãr	축소. 간결. 요약. 압축.
اختصاص	ekhtesãs	할당. 분배. 특별한. 개인적인.
اختصاص دادن	ekhtesãs kardan	(지면을)할애하다.
اختلاف	ekhtelãf	다름. 차이. 언쟁. 반대.
اختیار	ekhtiyãr	자유의지. 권한. 선택.
اختیار داشتن	ekhtiyãr dãshtan	선택권을 갖다.
اختیار دارید	ekhtiyãr dãrid	원하시는 대로. 좋으실 대로 (구어)
اختیار دارید	ekhtiyãr dãrid	천만에요(구어)
اخذ	akhz	영수. 수령.
اخلاق	akhlãq	성격. 도덕. 예의범절.
علم اختلاق اسلامی	’elm e akhlãq e eslãmi	이슬람 윤리학.
اخمو	akhmu	화가 난. 찡그린.
اخراج	ekhrãj	해고. 면직.
اخیر	akhir	최근의. 새로운, 마지막의.
اخیراً	akhiran	최근에. 요 근래에. 최근,
اداره	edãre	사무실. 행정부서.
ادامه	edãme	지속. 연속. 수행.
ادامه دادن	edãme dãdan	지속하다. 끝까지 가다.
ادب	adab	문학. 예의. 예법. 정중.
ادبیات	adabiyãt	문학.
ادرار	edrãr	소변.

ادعاء	edde'ã'	요구. 단언. 주장.
ادوارد فيتز جرالد	edvãd fitz jerãld	에드워드 피츠 제럴드 (오마르 카이염의 시를 번역한 시인)
ادويه	ad/a/viye	양념. 향료.
اديسون	Edison	에디슨(인명)
اذان	azãn	아전(이슬람교도의 기도 시간을 알리는 소리)
اذيت	aziyat	괴롭힘. 귀찮게 함. 성가심.
اذيت كردن	aziyat kardan	괴롭히다. 못살게 굴다.
ارادتمند	erãdatmand	친애하는.
اراده	erãde	의지. 목적. 결심. 의도.
ارايه	erã'e	제시. 보여줌.
ارتباط	ertebãt	관계. 통신.연결. 접촉
با... ارتباط داشتن	bã...ertebãt dãshtan	...와 관계가 있다.
ارتجاع	ertejã'	탄력성. 반동.
ارتفاع	ertefã'	높이. 고도.
ارث	ers	유산. 상속.
ارجمند	arjmand	자랑스러운. 귀중한. 존엄한.
ارديبهشت	ordibehesht	이란력 2월(서기력 4월 21일 – 5월 21일에 해당)
اردک	ordak	오리.
اردو	ordu	천막. 텐트
ارز	arz	외화. 환율. 가격. 가치.
ارزان	arzãn	값이 싼. 낮은 가격.
ارزش	arzesh	가치. 가격. 평가.
ارزش داشتن	arzesh dãshtan	가치가 있다.
ارسال	ersãl	우송. 전달. 전파.
ارسال داشتن	ersãl dãshtan	보내다. 우송하다.
ارشاد	ershãd	안내. 인도. 정신적 교육.
ارغوان	arghavãn	보라빛.
اروپا	orupã'	유럽.
اره	arre	톱.

از...	az...	...로부터. ...보다. ...의. ...대하여. ...이기 때문에.
از اینرو	az inru	그러므로.
از اینکه...	az inke...	왜냐하면. ... 이므로.
از بر کردن	az bar kardan	외우다. 암기하다.
از بسکه...	az baske...	...때문에. ...이므로.
از بهر...	az bahre...	...때문에.
از بین رفتن	az bein raftan	없어지다. 사라지다.
از پی...	az pei...	...의 목적으로. ...후에.
از طرف...	az tarafe...	...측으로부터.
ازدحام	ezdehãm	군중. 무리. 떼.
ازدواج	ezdevãj	결혼.
با... ازدواج کردن	bã... ezdevãj kardan	...와 결혼하다.
اساس	asãs	기초. 기본. 근본.
اساتید	asãtid	استاد 의 복수. 교수.
اسارت	esãrat	감금. 속박. 압류.
اساطیر	asãtir	신화.
اسانسور	asãnsur	엘리베이터.
اسب	asb	말(馬).
استاد	ostãd	교수. 전문인. 정교수.
استادانه	ostãdãne	두드러진. 숙련되게.
استادیار	ostãdyãr	조교수.
استان	ostãn	주. 도. 이란의 행정구역.
استثناء	estesnã'	예외.
به استثناء...	be estesnã'e...	...을 제외하고.
استجابت	estejãbat	기도의 응답. 받아들임. 기도를 들어줌.
استخدام	estekhdãm	고용. 채용.
استخدام کردن	estekhdãm kardan	채용하다. 고용하다.
استخر	estakhr	풀장.
استخراج	estekhrãj	발췌. 추출.
استخراج معدن	ehstekhrãj e ma'dan	광산 채굴.
استخوان	ostokhãn	뼈. 뼈의.

استدعا	ested'ã	요구. 부탁. 간청. 간원.
استر	astar	에스더.
استراحت	esterãhat	휴식. 휴가. 평정. 편안.
استراحت کردن	esterãhat kardan	쉬다. 휴식을 취하다.
استدعا	ested'ã	요구. 부탁. 간청. 기원.
از... استدعا کردن	az...ested'ã kardan	...을 간청하다.
استرداد	esterdãd	반환. 상환.
استعداد	este'dãd	소질. 능력. 체질.
استعمال	este'mãl	이용. 사용.
استعفا	este'fã	사임. 사직.
استفاده	estefãde	이용. 사용. 활용.
از... استفاده کردن	az... estefãde kardan	...을 사용하다.
استقبال	esteqbãl	환영함. 맞아들임. 접대.
استقلال	esteqlãl	독립. 자립.
استکان	estekãn	이란 홍차 잔.
استوار	ostovãr	보증. 신임. 견고한.
استوارنامه	ostovãr name	신임장.
اسرار	asrãr	سر 의 복수. 비밀.
اسرافیل	esrãfil	(최후의 순간 나팔을 부는 천사) 아스러필.
اسرائیل	esrã'il	이스라엘.
اسفناج	esfenãj	시금치.
اسفند	esfand	이란력 12월(서기력 2월 20일 – 3월 20일에 해당)
اسفندیار	esfandiyãr	에스환드여르(인명)
اسکناس	eskenãs	지폐.
اسکی	eski	스키.
اسلام	eslãm	이슬람교.
اسلحه	aslehe	سلاح 의 복수. 무기. 병기.
اسم	esm	이름. 명사.
اسهال	eshãl	설사.
اسیر	asir	포로. 포로가 된.
اشاره کردن	eshãre kardan	지적하다. 가리키다.

اشتباه	eshtebāh	실수. 잘못. 빠뜨림.
اشتباه کردن	eshtebāh kardan	실수하다. 혼동하다.
اشتغال	eshteghāl	종사. 직업.
اشتهاء	eshtehā'	식욕. 입맛. 열망.
اشتهار داشتن	eshtehār dāshtan	유명하다. 알려지다. 평판이 있다.
اشتیاق	eshtiyāq	열망. 맹목적 사랑. 갈망.
با اشتیاق فراوان	bā eshtiyāq e farāvān	매우 열광적으로. 열렬한 욕망으로.
اشراف	ashrāf	귀족.
اشعار	ash'ār	شغر 의 복수. 시. 시가.
اشغال	eshghāl	임기. 점유기.
اشک	ashk	눈물. 눈물방울.
اشک ریختن	ashk rikhtan	눈물을 흘리다.
اشکال	a/e/shkāl	곤란. 어려움. 어려운 임무.
اصالت	a/e/sālat	순수. 순종. 진짜.
اصرار	esrār	끈질기게 주장함. 고집함.
اصطلاح	estelāh	용어. 관용어구. 전문용어.
اصفهان	esfahān	에스화헌(지명)
اصل	asl	기초. 원리. 근거. 원본.
اصلاح	eslāh	정정. 수정. 화해. 조정. 조발. 이발.
اصلاح کردن	eslāh kardan	정정하다. 조정하다. 이발하다.
اصناف	asnāf	صنف 의 복수. 길드. 장인조합.
اصولاً	osulan	원칙적으로. 원래.
اضافه	ezāfe	추가. 에저페(문법용어).
اضافی	ezāfi	여분의. 추가의.
اضطراب	ezterāb	동요. 침착하지 못함. 불안.
اطاعت	etā'at	순종. 복종.
اطاق	otāq	방.
اطاق انتظار	otāqe entezār	대기실. 대합실.

اطاق پذیرایی	otãqe pazirãyi	응접실.
اطاق خالی	otãqe khãli	빈 방.
اطاق خواب	otãqe khãb	침실.
اطاق مطالعه	otãqe motãle'e	서재. 공부방.
اطاق نهارخوری	otãqe nahãrkhori	식당.
اطاق نشیمن	otãqe neshiman	거실.
اطراف...	atrãfe...	طرف 의 복수. ...주위에.
اطلافیان	atrãfiyãn	주위 사람들. 일가. 동료들.
اطریش	otrish	오스트리아.
اطفال	atfãl	طفل 의 복수. 아이. 어린이.
اطلاع	etelã'	정보. 통지. 소식.
اطلاع داشتن	etelã' dãshtan	통지하다. 알리다.
اطلس	atlas	지도책.
اطو	otu	اتو 다리미.
اطو کشیدن	otu keshidan	다리미질 하다.
اظهار	ezhãr	표현. 주장. 진술.
اظهار داشتن	ezhãr dãshtan	진술하다. 선언하다. 표현하다.
اعتبار	e'tebãr	신용.
اعتدال	e'tedãl	동등. 중용.
اعتدال پاییزی	e'tedãle pãyizi	추분.
اعتدال بهاری	e'tedãle bahãri	춘분.
اعتراض کردن	e'terãz kardan	항의하다. 반대하다.
اعتراف	e'terãf	실토. 고백.
اعتصاب	e'tesãb	파업. 봉기.
اعتقاد	e'teqãd	신념. 확신. 신조.
اعتماد	e'temãd	신임. 신뢰. 믿음.
بر... اعتماد کردن	bar... e'temãd kardan	...을 신뢰하다.
اعدام	e'dãm	사형집행. 처형.
اعراب	a'rãb	아랍인.
اعزام	e'zãm	급파. 특파.
اعصاب	a'sãb	신경.
اعضاء	a'zã'	عضو의 복수. 일원. 구성원.

اعلام	e'lām	선언. 발표. 포고.
اعلام کردن	e'lām kardan	선언하다. 경고하다.
اعلیحضرت	a'lāhazrat	황제폐하.
اغراق	eghrāq	과장. 허풍. 확대.
اغلب	aghlab	자주. 종종. 때때로.
اغنام	aghnām	غنم 의 복수. 양떼.
افتادن	oftādan	افت 어근. 떨어지다. 빠지다.
افتتاح	eftetāh	개시. 개업.
افراد	afrād	فرد 의 복수. 개인.
افراشتن	afrāshtan	افراز 어근. 내걸다. 올리다.
افریقا	afriqā	아프리카.
افزار	afzār	도구. 기구.
افزایش یافتن	afzāyesh yāftan	증가하다.
افزودن	afzudan	افزا 어근. 늘리다. 증가하다. 성장하다. 향상하다.
افسانه	afsāne	우화. 이야기. 전설. 픽션.
افسر	afsar	장교. 사관.
افسرده	afsorde	낙담한. 실의에 찬. 상심한.
افسوس	afsus	슬픔. 동정. 아! 슬프다!.
افسوس خوردن	afsus khordan	비탄하다. 애닯게 여기다.
افشانه	afshāne	스프레이 용기.
افغانستان	afghānestān	아프가니스탄
افق	ofoq	수평선. 지평선.
افکار	afkār	فکر 의 복수. 생각. 관념.
افکندن	afkandan	افکن 어근. 던지다. 팽개치다.
اقامت	eqāmat	머무름. 주거. 체류.
اقبال	eqbāl	운. 번영.
اقتصاد	eqtesād	경제.
اقتصادی	eqtesādi	경제의.
اقساط	aqsāt	قسط 의 복수. 분활. 할부.
اقلاً	aqlan	적어도. 최소한.
اقیانوس	oqyānus	대양. 해양.

اقیانوس آرام (= کبیر)	oqyãnus ãrãm(=kabir)	태평양.
اقیانوس اطلس	oqyãnus atlas	대서양.
اکتبر	oktobr	서기력 10월.
اکثر	aksar	더 많은. 대다수.
اکرم	akram	가장 관대한. 더 위대한.
اکنون	aknun	지금. 현재.
اگر...	agar...	만약에...
اگرچه...	agar che...	비록 ...일지라도.
الاغ	olãq	당나귀.
الاکلنگ	allãkolang	시이소오(놀이).
الان	alãn	지금 막. 이내. 즉시.
البته	albatte	물론.
التماس	eltemãs	간절한 부탁. 간원. 간청.
التماس کردن	eltemãs kardan	간절히 원하다. 간청하다.
الحمدش	alhamdolelãh	덕분에.
السنه	alsene	لسان 의 복수. 언어. 말.
الطاف	altãf	لطف 의 복수. 호의. 친절.
الگو	olgu	모양. 모형. 견본.
الله	allãh	신. 신성. 알라.
اللهی	allãhi	신과 관련된. 신성의.
الماس	almãs	다이아몬드.
المپیک	olampik	올림픽.
اله	elah	신. 신성.
الهام	elhãm	영감.
الهام کردن	elhãm kardan	영감을 주다.
الهام گرفتن	elhãm gereftan	영감을 받다.
الهیات	elãhiyãt	신학. 형이상학.
اما	ammã	그러나. 그렇지만. 그런데.
امام	emãm	이맘. 종교지도자.
امان	amãn	안전. 무사.
در امان ماندن	dar amãn mãndan	안전하다.
امانت	amãnat	보관. 신탁. 소포.
امپریالیست	amperyalist	제국주의자.

امپریالیسم	amperyãlism	제국주의.
امتحان	emtehãn	시험.
امتحان شفاهی	emtehãn e shafãhi	구두시험.
امتحان کتبی	emtehãn e katbi	필기시험.
امتیاز داشتن	emtiyãz dãshtan	특권을 가지다. 특허권을 가지다.
حق امتیاز	haqqe emtiyãz	특허권.
امتیاز نفت	emtiyãze naft	석유 이권.
امداد	emdãd	원조. 구조. 도움.
امر	amr	문제. 명령. 임무. 처리. 거래. 사실. 항목.
امراض	amrãz	مرض의 복수. 병. 질병.
امروز	emruz	오늘.
کار امروز را به فردا مگذار	kãre emruz rã be fardã magozãr	오늘 할 일을 내일로 미루지 마라.
امریکا	emrikã	미국.
امریکایی	emrikãyi	미국의. 미국인.
امسال	emsãl	금년. 올해.
امشب	emshab	오늘밤. 이 밤.
امضا	emzã	서명.
امضا کردن	emzã kardan	서명하다.
امکان	emkãn	가능성. 가능.
امکان داشتن	emkãn dãshtan	가능하다.
املاء	emlã’	철자법. 받아쓰기. 정서법.
املاک	amlãk	ملک의 복수. 토지. 재산.
امن	amn	안전. 보안.
اموال	amvãl	مال 의 복수. 재산. 소유물.
امور	omur	امر 의 복수. 일. 사건. 문제.
امید	omid	희망. 열망. 기대.
نا امید	nã omid	절망.
امیدوار	omidvãr	희망하는. 기대하는.
ان	an	똥.
انار	anãr	석류.

انبار	anbãr	창고. 저장소.
انبوه	anbuh	풍부한. 다수. 군집. 짙은.
انتخاب	entekhãb	선택. 선출. 선거.
انتخاب کردن	entekhãb kardan	선택하다. 고르다.
انتشار	enteshãr	간행. 널리 퍼짐. 출판.
انتشار یافتن	enteshãr yãftan	출판되다. 보급되다.
انتشارات	enteshãrãt	انتشار 출판물. 간행물.
انتصاب	entesãb	지명. 임명.
انتظار	entezãr	기대. 기다림.
انتظار داشتن	entezãr dãshtan	기대하다. 기다리다. 예상하다.
انتظار کشیدن	entezãr keshidan	기다림을 유지하다.
انتقاد	enteqãd	비평. 비판.
انتقال	enteqãl	이동. 이전. 양도.
انتقام	enteqãm	복수. 앙갚음.
انتهاء	ehtehã'	마감. 극단. 종결.
انجام دادن	anjãm dãdan	수행하다. 결말짓다.
انجام گرفتن	anjãm gereftan	결말을 이루다. 이행되다.
انجمن	anjoman	협회.
انجیل	enjil	(신약성서의)복음서.
انجیر	anjir	무화과.
انداختن	andãkhtan	انداز 어근. 던지다.
اندازه	andãze	정도. 치수. 길이.
تا یک اندازه	tã yek andãze	어느 정도.
اندازه گرفتن	andãze gereftan	치수를 재다. 측정하다.
اندرون	andarun	중(中). 내부.
اندوه	anduh	슬픔. 비통. 걱정. 우울.
اندوهگین	anduhgin	슬픈. 슬퍼할만한.
انسان	ensãn	인간. 사람. 예의바른.
انشاء	enshã'	작문.
انشاءالله	enshã'allãh	신이 원한다면. 사정이 허락한다면.
انصاف	ensãf	공평. 공정. 올바름.

انعام	en'ãm	팁. 보너스.
انفجار	enfejãr	폭발. 발사.
انقطاع	enqetã′	중지. 정지. 단절. 절단.
انقلاب	enqegãb	혁명.
انکار	enkãr	부정. 거절. 부인.
انگشت	angosht	손가락. 발가락.
انگشتر	angoshtar	반지.
انگلستان	engelestãn	영국.
انگلیسی	engelisi	영국인. 영어.
انگور	angur	포도.
انواع	anvã′	نوع 의 복수. 종류.
او	u	그. 그녀.
اواخر	avãkher	마지막. 끝.
اواسط	avãset	중간부분에.
اوایل	avãyel	اول 의 복수. 처음. 당초.
اوت	ut	서기력 8월.
اوخ	ukh	아야!(통증).
اوضاع	ouzã′	وضع 의 복수. 정세. 상황.
اوقات	ouqãt	وقت 의 복수. 시간.
اول	avval	처음. 처음에. 제 1.
اولاً	avvalan	처음에. 첫 번째의. 최초에.
اولاد	oulãd	ولد 의 복수. 자손. 어린이.
اولین	avvalin	제일의. 중요한. 최초의.
اولین بار	avvalin bãr	처음에. 첫 번째. 처음으로.
اهالی	ahãli	اهل 의 복수. 거주자. 시민.
اهانت	ehãnat	경멸. 멸시. 모욕.
اهل	ahl	주민. 시민. 백성. 친족.
اهمیت	ahamiyat	중요성.
ای	ei	오오!(감탄사).
ایام	aiyãm	یوم 의 복수. 매일. 시대.
ایتالیا	itãliyã	이탈리아(지명).
ایتالیایی	itãliyãyi	이탈리아인. 이탈리아어.
ایجاد	ijãd	설립. 창설.

ايراد	irãd	흠잡음.
ايراد گرفتن	irãd gereftan	트집잡다.
ايرج	iraj	이라즈(인명)
ايران	irãn	이란(지명)
ايرانى	irãni	이란인. 이란의.
ايستادن	istãdan	ايست 어근. 서다. 일어나다. 견디다. 참다.
ايستگاه	istgãh	정거장.
ايشان	ishãn	او 의 복수. 그들. 그녀들.. 저 분.
ايل	il	부족. 종족.
ايمان	imãn	믿음. 신임. 신뢰.
ايمنى	imani	면역. 안전.
اين	in	이. 이것. 후자의. 후자.
اينان	inãn	اين 의 복수. 이것들.
اينجا	injã	이곳. 여기에.
اينجانب	injãneb	나(공문서에서 쓴 사람을 의미).
اينچه...	inche...	...일. ...것.
اينطور	intour	이와 같이. 이렇게.
اينقدر	inqadr	이렇게 많이. 이 정도.
اينک	inak	자!. 이제부터.
اينكه...	inke...	...라고 하는 것.
اين ماه	in mãh	이달. 이번 달.
اينها	inhã	اين 의 복수. 이것들.
اين هفته	in hafte	금주(今週). 이번 주.
ايوان	eivãn	베란다.

با...	bã...	...와 함께. ...로. ...타고.
با آنکه...	bã ãnke...	비록...일지라도. ...이긴 하지만. 사실임에도 불구하고.
با اینکه...	bã inke...	비록...일지라도. ...이긴 하지만. 사실임에도 불구하고.
با شکوه	bã shokuh	멋진. 빛나는. 웅장한.
باب	bãb	장(章). 어울리는.
با با	bãbã	아빠.
باترى	bãtri	건전지.
باختر	bãkhtar	서(西).
باختن	bãkhtan	باز 어근. 지다. 잃다.
باد	bãd	바람. 팽창. 염증. 교만.
بر باد کردن	bar bãd kardan	탕진하다. 없어지다.
بادام	bãdãm	아몬드.
بادبزن	bãdbezan	부채.
بادنجان	bãdenjãn	가지.
بار	bãr	회(回). ..번.
بار دیگر	bãre digar	한 번 더. 다음 번.
بارها	bãrhã	자주. 몇 번이나.
بار	bãr	짐. 화물.
باران	bãrãn	비.
باران آمدن	bãrãn ãmadan	비가 오다.
بارانی	bãrãni	비의. 비 오는. 비옷.
باربر	bãrbar	짐꾼. 운반인. 인부.
باردار	bãrdãr	임신한. 열매를 맺은.
بارو	bãru	요새.
باریدن	bãridan	بار 어근. (비. 눈)내리다.
باریک	bãrik	좁은. 섬세한.
باز	bãz	다시. 또.
باز آمدن	bãz ãmadan	돌아오다. 다시오다.
از... باز داشتن	az... bãz dãshtan	...을 방해하다. 붙들다. 막다.

باز گشتن	bāz gashtan	돌아오다.
باز گردانیدن	bāz gardānidan	회수하다. 반환하다. 취소하다.
باز یافتن	bāz yāftan	되찾다. 만회하다. 회복하다.
باز	bāz	열린.
باز داشتن	bāz dāshtan	저지하다. 막다. 단념시키다.
باز کردن	bāz kardan	열다.
بازار	bāzār	시장.
بازدید	bāzdid	시찰. 조사. 방문.
بازرگان	bāzargān	상인. 무역업자.
بازرگانی	bāzargāni	상업. 무역. 상업의. 무역의.
باز گشت	bāz gasht	복귀. 돌아옴. 귀가. 귀향.
باز نشسته شدن	bāz neshaste shodan	퇴직하다.
بازو	bāzu	팔뚝.
بازی	bāzi	놀이. 게임. 경기.
بازی کردن	bāzi kardan	놀다. 경기하다. 연기하다.
بازیچه	bāziche	장난감. 놀이감.
باستان	bāstān	고대의. 오래된.
باستان شناسی	bāstānshenāsi	고고학.
باشد	bāshe	그래. 그렇게 하도록(구어)
باطل	bātel	무효의. 효력이 없는.
باعث	bā'es	원인. 이유
باغ	bāgh	정원.
باغچه	bāghche	작은 뜰. 텃밭.
باغ وحش	bāghe vahsh	동물원.
بافت	bāft	직물. 짠 옷감.
بافتن	bāftan	باف 어근. 짜다. 뜨다.
باقلا	bāqelā	누에콩.
باقی	bāqi	나머지. 잔류물. 남는 것의.
باقیمانده	bāqimānde	잔존물. 잔여. 나머지.
باک	bāk	가솔린 탱크.
بال	bāl	날개.
بال بهم زدن	bāl beham zadan	날개를 퍼덕거리다.

		날개치다.
بالا	bālā	위. 위의. 정상.
بالا كشيدن	bālā keshidan	올리다. 끌어 당기다.
بالاخره	bel akhle	마침내. 드디어.
بالش	bālesh	베개. 쿠션.
بالغ	bālegh	성인. 성숙한. (금액이)달하는.
با لله	bellāh	기필코. 맹세코.
بالكن	bālkon	발코니.
بام	bām	지붕.
باندپيچى	bānpichi	붕대.
با نفوذ	bānofuz	영향을 미치는. 유력한.
بانک	bānk	은행.
بانو	bānu	부인.
با وجود اينكه...	bā vojud inke...	...에도 불구하고.
با وجوديكه...	bā vojudike...	...에도 불구하고.
باور	bāvar	확신. 믿음.
باور كردن	bāvar kardan	믿다. 신용하다.
باوفا	bāvafā	충성스러운. 성실한.
باهم	bāham	서로 함께. 같이.
باهوش	bā hush	영리한. 똑똑한. 지적인.
بايستن	bāyestan	بايد 어근. 틀림없다. ...하지 않으면 안된다. ...해야만 한다.
ببخشيد	bebakhshid	용서하세요!. 미안합니다(구어).
ببين	bebin	봐!(구어).
بته	bote	수풀. 관목. 나뭇조각.
بچگانه	bachegāne	어린애 같은. 어린애의.
بچگى	bachegi	어린시절. 천진함.
بچه	bachche	아이. 어린이.
بحث	bahs	토론. 논의.
بحر خزر = درياى خزر	bahre khazar =	카스피해.

	daryã ye khazar	
بخار	bokhãr	증기. 수증기.
بخاری	bokhãri	난로. 난방기.
بخت	bakht	운(運). 행운.
بخت آزمایی	bakht ãzmãyi	복권. 추첨.
بخش	bakhsh	부서. 부(部).
بخشش	bakhshesh	아량. 자비. 용서.
بخشندگی	bakhshandegi	자비. 너그러움. 용서.
بخشیدن	bakhshidan	بخش 어근. 용서하다.
بخل	bokhl	인색함. 질투.
بد	bad	나쁜.
بد اخلاق	bad akhlãq	부도덕한. 외설한. 방탕한.
بدان	bedãn	به آن = 그것에. 저것에.
بد بخت	bad bakht	불운한. 불행한.
بد جنس	badjens	사악한. 악한.
بد خواه	bad khãh	악의의. 나쁜 바램의.
بدرقه	badraqe	배웅하는.
بدرقه ی کسی رفتن	badraqe ye kasi raftan	누구를 배웅하다.
بدل	badal	모방.
بد مزه	bad maze	맛없는.
بدن	badan	신체. 몸.
بدو	bedu	به او = 그에게. 그녀에게.
بدون...	bedune...	...없이. 부족한.
بدهکار	bedehkãr	채무자. 부채가 있는.
بدیشان	bedishãn	به ایشان = 그들에게.
بدین	bedin	به این = 이것에.
بر...	bar...	...위에. ...표면에.
بر اثر...	bar asare...	...의 결과로. ...영향으로.
برابر	barãbar	배(倍). 동등한. 맞은편.
برابر...	barãbare...	...향하여. ...대하여.
برابری	barãbari	동등. 대등.
برادر	barãdar	형제.
برادر بزرگ	barãdare bozorg	형. 오빠.

برادر کوچک	barãdare kuchek	아우. 남동생.
برادرانه	barãdarãne	형제의. 형제다운. 형제 같은.
برادری	barãdari	형제애.
بر آوردن	bar ãvardan	완성하다. 제공하다. 나타나 다. 실현하다.
بر انداختن	bar andãkhtan	파괴하다. 부수다.
برازنده	barãzande	어울리는. 우아한. 단아한.
برای...	barãye...	...을 위하여.
برای آنکه...	barãye ãnke...	...하기 때문에.
برای اینکه...	barãye inke...	...하기 때문에.
برتر	bartar	더 높은. 더 나은.
برج	borj	탑.
برخاستن	bar khãstan	برخیز 어근. 일어나다. 서다.
برخلاف...	bar khelãe...	...에 반대하여.
برخورد	bar khord	충돌. 조웅. 만남.
برخوردن	bar khordan	충돌하다. 우연히 만나다.
برخی	barkhi	얼마간의. 다소의. 약간의.
برداشتن	bar dãshtan	데리고 가다. 집다. 제거하다.
بردن	bordan	بر [bar] 어근. 가지고 가다 (오다).
بررسی	barrasi	검사. 숙고. 재검토.
برشته	bereshte	구워진. 토스트된.
بر ضد...	bar zedde...	...에 반대하여.
بر عکس	bar 'aks	반대로. 거꾸로. 도리어.
بر علیه...	bar 'alaihe...	..에 적대하여. ...에 반대하여.
برف	barf	눈(雪).
برق	barq	전기. 번개. 섬광.
برق آسا	barq ãsã	돌연의. 돌연히. 전격의.
برقع	borqa'	얼굴을 전부 가리는 베일. 부르카

برکت	barakat	축복. 은총.
از تو حرکت از خدا برکت	az to harakat az khodã barakat	하늘은 스스로 돕는 자를 돕는다.
برکنار	barkenãr	해임된. 면직된. 밀린.
برگ	barg	나뭇잎. 용지.
برگذار	bargozãr	실행. 실현. 거행.
برگشتن	bar gashtan	돌아오다(가다).
برنامه	barnãme	계획. 일정표. 프로그램.
برنج	beranj	쌀.
بره	barre	새끼 양.
بریدن	boridan	بر [bor] 어근. 자르다. 베다.
بز	boz	산양.
بزرگ	bozorg	큰. 훌륭한. 성인.
بزک	bazak	화장. 분장.
بزودی	bezudi	곧. 금방. 빨리.
بساط	be/a/sãt	(일을 하는데 필요한)도구. 가재도구.
بستر	ba/e/star	침상. 토대.
بستری شدن	bastari shodan	침대에 눕다. 입원하다.
بستگان	bastegãn	친지. 일가. 혈연. 친족.
بستگی	bastedgi	관계. 의존.
بستن	bastan	بند 어근. 닫다. 묶다.
بستنی	bastani	아이스크림.
بسته	baste	소포. 화물. 닫힌.
به...بسته بودن	be... baste budan	...에 연관이 있다.
بسته بندی	baste bandi	포장됨. 싸여짐. 포장.
بسر بردن	besar bordan	지내다. (시간을)보내다.
بسکه	baske	...충분한. 그만큼의.
بسلامت	besalãmat	건강하게! (구어).
بسلامتی	besalãmati	건배! (구어).
بسم الله	besmellãh	신의 이름으로.
بسم الله الرحمن الرحیم	besmellãh arrahmãn orrahim	자비깊고 자애로운 알라의 이름으로. 연설이나 설교의 시작에 사용하는 문장.

بسی	basi	충분히. 다수의. 많은.
بسیار	besyãr	많은. 매우. 몹시.
بشقاب	boshqãb	접시.
بشکه	boshke	배럴(분량). 한통.
آبجوی بشکه	ãbejuye boshke	생맥주.
بطری	botri	병.
بطوریکه...	betourike...	...처럼. ...같이.
بع بع	ba' ba'	음메(의성어). 양의 울음소리.
بعد	ba'd	후. 후에.
بعد از ...	ba'd az ...	...후에. ...하고 나서.
بعد از آنکه...	ba'd az ãnke...	...한 후에. ...한 후.
بعد از اینکه...	ba'd az inke...	...한 후에. ...한 후.
بعد از ظهر	ba'd az zohr	오후.
بعضی	ba'zi	어느 정도의.
بعضی از	ba'zi az	..중 어느 정도의.
بعلاوه = علاوه بر	be'alãve='alãve bar	...에 더하여. 더욱더. 게다가.
بغایت	beghãyat	몹시. 극단의. 매우.
بغداد	baghdãd	바그다드(지명)
بغل	baghal	가슴. 품. 옆. 한아름.
بغل کردن(=گرفتن)	baghal kardan(=gereftan)	껴안다. 끌어안다.
بقال	baqqãl	식료품 상인.
بقالی	baqqãli	식료품점.
بقچه	boqche	보자기.
بقیه	baqiye	나머지. 잔여. 차액.
بگو مگو = بگو نگو	begu magu= begu nagu	말싸움.
بلاء	balã(')	재난. 불행.
بلاد	belãd	بلد 의 복수. 도시. 영토.
بلبل	bolbol	나이팅게일(조류).
بلد بودن	balad budan	알고 있다. 안다.
بلد	balad	도시. 나라. 지역.
بلکه	balke	그러나. 오히려. 어쩌면.
نه تنها... بلکه	na tanhã... balke...	...뿐만 아니라...도.

بلوغ	bolugh	성숙.
بلند	boland	높은. 긴. 큰.
بلند شدن	boland shodan	일어나다. 깨어나다.
بلند کردن	boland kardan	깨우다. 세우다. 일으키다.
بله	bale	네.
بلی	bali	네.
بلیط	belit	(기차. 극장 등의) 표.
بلیط فروشی	belit forushi	매표소.
بم	bam	낮은 소리. 저음의. 저음.
بمباران	bombãrãn	포격. 폭격.
بموقع	be mouqe'	적시에. 때맞춘.
بنا	bannã	건설업 노동자.
بنا کردن	benã kardan	건설하다. 착수하다.
بنا بر...	ba/e/nã bar...	...에 의해. ....로 인해.
بنا بر این	be/a/nã bar in	그러므로.
بند	band	띠. 묶음.
بندر	Bandar	항구.
بنده	bande	노예. (자신을 낮추어)나. 저.
بنزین	benzin	가솔린.
بنی آدم	bani ãdam	인류.
بنیاد	bonyãd	재단. 기초.
بنیاد کردن	bonyãd kardan	건립하다.
بو	bu	냄새. 향기.
بو کردن	bu kardan	냄새맡다.
بوته	bute	덤불. 관목.
بودایی	budãyi	불교의. 불교도.
بودجه	budje	예산.
بودن	budan	باش 어근. 이다. 존재하다.
بورس	burs	장학금.
بوستان	bustãn	과수원. 사아디의 작품.
بوسیدن	busidan	بوس 어근. 입맞추다.
بوقلمون	buqalmun	칠면조.
به	be	...에게. ...하러. ...에 대해.

به راه افتادن	be rãh oftãdan	출발하다. 길을 나서다.
به سمت...	be samte...	...의 방향으로.
به سمت...	be semate...	...로서.
به علاوه...	be 'alãveye...	...외에.
به محض اینکه...	be mahz inke...	...하자마자 곧. ...위해서.
بها	bahã	가격. 가치. 값.
پر بها	por bahã	고가의.
بهار	bahãr	봄.
بهانه	bahãne	구실. 핑계.
بهبود	behbud	보건. 복지.
به به	bah bah	야 멋지다!. 야 좋다!
بهداشت	behdãsht	위생. 공중위생. 건강관리.
بهتر	behtar	보다 좋은.
بهترین	behtarin	최고의. 최상의. 가장 좋은.
بهر حال	be har hãl	어쨌든. 하여간.
بهره	bahre	몫. 분.
بهشت	behesht	천국.
بهم	beham	서로. 서로에게. 서로 함께.
بهم خوردن	beham khordan	충돌하다. 상충하다.
بهمن	bahman	이란력 11월(서기력 1월 21일 – 2월 19일에 해당)
بهمن	bahman	눈사태.
بی...	bi...	...없이.
بی زحمت	bi zahmat	수고스럽지만. 죄송하지만 (구어).
بیابان	biyãbãn	황야. 광야.
بیان	bayãn	설명. 표명.
بیان کردن	bayãn kardan	표현하다. 표명하다. 설명하다.
بیت	beit	대귀. 시의 한 행.
بی توجه	bi tavjjoh	부주의한. 부주의하게.
بیچاره	bichãre	무력한. 가엾은.
بیحال	bihãl	활기없는. 기력없는. 무기력.

بيخ	bikh	뿌리. 토대. 밑바닥.
بيد	bid	버드나무.
بيدار	bidãr	잠이 깬.
بيدار كردن	bidãr kardan	깨우다.
بيدرنگ	biderang	금방. 지체없이.
بيرون	birun	밖. 외부. 밖의.
بيرون...	birune...	...외에. ...밖의. ...밖에.
بيرون از...	birun az...	...외에. ...밖의. ...밖에.
بيژن	bizhan	비잔(인명).
بيست	bist	20.
بى سبب	bi sabab	이유없이.
بيستم	bistom	제 20의. 20번째의.
بيسواد	bisavãd	문맹의. 배우지 못한.
بيش	bish	많은. 더 많은.
بيش از...	bish az...	...보다 더 많이(은). ....이상의.
بيشتر	bishtar	더 한층 많은.
بيشك	bishakk	의심없이. 반드시. 확실하게.
بيشمار	bishomãr	셀 수없는. 무수한.
بيطرف	bitaraf	중립의.
بى فايده	bifãyede	쓸모없는. 무익한. 헛된.
بيكار	bikãr	무직의.
بيگانه	bigãne	외국인. 타인. 외국의.
بيمار	bimãr	아픈. 환자.
بيمارستان	bimãrestãn	병원.
بيمارى	bimãri	병. 질병.
بيمه	bime	보험.
بيمه كردن	bime kardan	보험을 들다.
بين...	beine...	...사이에. ....가운데.
بين المللى	beinolmelali	국제의. 국제적인.
بينى	bini	코.
بيهوشى	bihushi	기절. 무의식 상태.

پ

پا	pã	다리. 발.
پابند شدن	pãband shodan	속박을 받다.
پاچه	pãche	양의 다리(식용).
پاداش	pãdãsh	보상. 보수.
پادشاه	pãdshãh	왕(王).
پادشاهی	pãdshãhi	통치. 왕권. 통치권.
پارسال	pãrsãl	작년.
پارسی	pãrsi	فارسی = . 페르시아어. 배화교도.
پارک	pãrk	공원.
پارکینگ	pãrking	주차. 주차장.
پارلمان	pãrlomãn	의회.
پاره	pãre	부분. 조각. 일부분.
پاریس	pãris	파리(지명).
پاساژ	pãsãzh	아케이드.
پاسبان	pãsebãn	경찰. 수비대.
پاسخ	pãsokh	대답. 답.
پاسداری	pãsdãri	경계. 감시.
پاشنه	pãshne	발꿈치. 뒤축.
پاشنه کش	pãshne kesh	구두주걱.
پاشیدن	pãshidan	پاش 어근. 뿌리다.
پاک	pãk	깨끗한. 순결한.
پاک کردن	pãk kardan	깨끗이 하다.
پاکت	pãket	봉투.
پاکیزه	pãkize	청결한.
پاگشا	pãgoshã	결혼식 후 친척들에게 베푸는 첫번째 축하모임.
پالایشگاه	pãlãyeshgãh	정제소.
پالتو	pãltu	외투.
پالوده	pãlude	여과된. 정제된. 젤리의 일종.

پانزده	pãzdah	15.
پانزدهم	pãnzdahom	제 15의. 15번째의.
پانصد	pãnsad	500.
پانصدم	pãnsadom	제 500의. 500번째의.
پایاب	pãyãb	얕은.
پایان	pãyãn	종료. 끝.
پایان یافتن	pãyãn yãftan	끝나다.
پایتخت	pãyetakht	수도. 서울.
پایدار	pãydãr	불변의. 내구성이 있는.
پاییز	pãyiz	가을.
پایین	pãyin	아래. 밑. 하(下).
پایین...	pãyine...	...밑에. ...아래.
پتو	patu	담요.
پختن	pokhtan	پژ 어근. 요리하다.
پخش	pakhsh	방송. 살포.
پخمه	pakhme	멍청한. 어리석은.
پدر	pedar	아버지.
پدران	pedarãn	선조.
پدر بزرگ	pedare bozorg	할아버지.
پدر سگ	pedare sag	개 자식(구어로 험담).
پدر سوخته	pedare sukhte	상대를 험담하는 욕(구어).
پدید آمدن	padid ãmadan	생기다. 보이다.
پدیدار	padidãr	명백한. 확실한. 공개된.
پدیده	padide	현상.
پدیده های طبیعی	padidehã ye tabi'i	자연현상.
پذیرایی	pazirãyi	접대. 대접. 환대.
از...پذیرایی کردن	az pazirãyi kardan	...를 대접하다. ...접대하다.
پذیرفتن	paziroftan	پذیر 어근. 받아들이다. 승인하다. 허락하다.
پر	par	깃털.
پر	por	가득찬.
پر از...	por az...	...로 가득찬.
پر کردن	por kardan	가득 채우다.

پر آب	por ãb	수분이 많은. 수량이 많은.
پراکندن	pa/o/rãkandan	پراکن 어근. 분산하다. 흩뿌리다. 확산하다.
پراکنده	parãkande	흩어진. 분산된.
پرانتز	parãntez	괄호.
پرتاب	partãb	던짐. 던지는 것.
پرتقال	portaqãl	오렌지. 포르투갈(국명).
پرچم	parcham	기. 깃발.
پرداخت	pardãkht	지불.
پرداختن	pardãkhtan	پرداز 어근. 지불하다. 착수하다.
پرده	parde	커튼. 스크린. 막.
پررنگ	porrang	색이 진한.
پرسان پرسان	porsãn porsãn	물어 물어.
پرستار	parastãr	간호사.
پرستاری	parastãri	간호. 돌봄.
پرستش	parastesh	존경. 숭배.
پرسیدن	porsidan	پرس 어근. 묻다. 질문하다.
پرمایه	pormãye	원기왕성한. 진한. 귀중한.
پرمو	pormu	털이 많은.
پرنده	parande	새(鳥).
پرواز	parvãz	비행. 비행술.
پروانه	parvãne	나비. 라이센스.
پرورش	parvaresh	양성. 육성.
پرورش یافتن	parvaresh yãftan	양성하다. 훈련시키다.
پروفسور	profesur	교수.
پرونده	parvande	서류.
پرویز	parviz	파르비즈(인명).
پرهیز	parhiz	절제. 삼가. 자제.
پری	pari	요정. 진. 정령. 신령.
پریدن	paridan	پر 어근. 날다. 치솟다.
پریروز	pariruz	그저께.
پریشان	parishãn	고민하는. 불안한. 동요하는.

پز	poz	태도. 모양.
پزشک	pezeshk	의사.
پژوهش	pazhohesh	연구. 탐사. 조사.
پژوهشگاه	pazhoheshgāh	연구소.
پس از...	pas az...	...후에.
پس از آنکه...	pas az ānke...	...한 후에.
پس از اینکه...	pas az inke...	...한 후에.
پس افتادن	pas oftādan	뒤에 떨어지다. 미불로 남다.
پس انداز	pasandāz	저금. 저축.
پس انداز کردن	pasandāz kardan	저축하다.
پست	past	낮은. 미천한. 천한.
پست	post	우편.
پست دریایی	poste daryāyi	해상우편.
پست زمینی	poste zamini	육로우편.
پست هوایی	poste havāyi	항공우편
پستان	pestān	가슴. 젖.
پستانک	pestānak	고무 젖꼭지.
پستچی	postchi	우체부. 우편 배달원.
پستخانه	postkhāne	우체국.
پسته	peste	피스타치오.
پس دادن	pas dādan	돌려주다. 반환하다.
پسر	pesar	아들. 소년.
پس گرفتن	pas gereftan	돌려받다. 탈환하다.
پس فردا	pas fardā	모레.
پسندیدن	pasandidan	پسند 어근. 좋아하다. 선택하다.
پشت	posht	뒤의. 뒷부분. 이면.
پشت...	poshte...	...뒤에.
پشت بام	poshtebām	옥상. 지붕.
پشت سر	posht e sar	뒤통수. 뒤쪽. 뒤이어.
پشت نویسی	poshtnevisi	이서(裏書).
پشتیبانی	poshtibāni	지원. 후원. 지지.
پشم	pashm	양모. 양털.

پشه	pashe	모기.
پشیمان	pashimān	후회하는. 유감스러운.
پشیمان شدن	pashimān shodan	후회하다. 한탄하다.
پل	pol	다리. 가교.
پلنگ	pelang	표범.
پلو	polou	밥.
پلوپز	polou paz	밥솥.
پله	pele	계단.
پلیس	polis	경찰관.
پمپ بنزین	pope benzin	주유소.
پناه گاه	panāhgāh	피난처.
پنبه	panbe	면. 목화.
پنج	panj	5.
پنجاه	panjāh	50.
پنجاهم	panjāhom	제 50의. 50번째의.
پنجره	panjare	창문.
پنجشنبه	panjsanbe	목요일.
پنجم	panjom	제 5의. 5번째의.
پنجه	panje	손. 다섯손가락.
پنچر شدن	panchar shodan	펑크나다.
پنکه	panke	선풍기.
پنهان کردن	penhān kardan	감추다. 사라지다.
پودر	pudr	분말. 가루.
پوره	pure	퓌레. 짓이긴 것.
پوز	puz	주둥이. 코.
پوست	pust	피부. 껍질.
پوسیدن	pusidan	پوس 어근. 부패하다. 곪다.
پوشاندن	pushāndan	پوشان 어근. 입히다. 덮다.
پوشانیدن	pushānidan	پوشان 어근. 입히다. 덮다.
پوشش	pushesh	덮개.
پوشیدن	pushidan	پوش 어근. 입다.
پول	pul	돈. 금전.
پولاد	pulād	강철.

پولدار	puldãr	부유한. 돈많은. 금전의.
پهلوان	pahlavãn	챔피언. 선수. 영웅.
پهلوی	pahlavi	중세페르시아어. 팔레비(왕조).
پهلوی...	pahluye...	...옆의. 곁에.
پهن	pahn	넓은. 퍼진.
پهن کردن	pahn kardan	펼치다. 평평하게 하다.
پهنا	pahnã	넓이. 크기.
پی بردن	pei bordan	탐구하다. 추적하다.
پیاده	piyãde	걸어서. 도보로.
پیاده رو	piyãderou	인도. 보도.
پیاده شدن	piyãde shodan	내리다.
پیاده رو	piyãderou	인도. 보도.
پیاز	piyãz	양파.
پیاله	piyãle	사발. 찻잔. 그릇.
پیام	payâm	서신. 전달. 통신.
پیپ	pip	파이프.
پیچاپیچ	pichãpich	꾸불꾸불한. 나선모양의.
پیچیدن	pichidan	پیچ 어근. 돌다. 꼬이다.
پیچیده	pichide	뒤틀린. 굽은. 엉킨. 복잡한.
پیدا کردن	peidã kardan	찾다. 발견하다.
پیدایش	peidãyesh	발생. 성립.
پیر	pir	늙은. 노인.
پیر زن	pire zan	노파.
پیر مرد	pire mard	노인.
پیراهن	pirãhan	셔츠. 상의.
پیروزی	piruzi	승리. 정복.
پیروی	peiravi	따름. 준수. 추종.
پیش	pish	앞. 정면.
پیش...	pishe...	...앞에.
پیش آمدن	pish ãmadan	일어나다. 발생하다. 앞으로 나오다. 내밀다.
پیش بردن	pish bordan	이기다.

پیش رفتن	pish raftan	전진하다.
پیش از...	pish az...	...보다 전에.
پیش از آنکه...	pish az ãnke...	...하기 전에.
پیش از اینکه...	pish az inke...	...하기 전에.
پیش از ظهر	pish az zohr	오전.
پیشاب	pishãb	소변.
پیشاب آور	pishãb ãvar	이뇨의.
داروی پیشاب آور	dãru ye pishã ãvar	이뇨제.
پیشامد	pish ãmad	생긴 일. 사태. 정황.
پیشانی	pishãni	이마.
پیشبند	pishband	앞치마.
پیش بینی	pish bini	예견. 예상.
پیشخوان	pishkhãn	계산대. 카운터.
پیشرفت	pishraft	진보. 발전. 진전.
پیشرفت کردن	pishraft kardan	진보하다.
پیشرفته	pishrafte	발전된. 진전된.
پیشکش	pishkesh	선물. 선물로 줌.
پیشگو	pishgu	예고자. 예언자.
پیشگیری	pishgiri	예방. 방지.
پیشنهاد	pishnehãd	제안.
پیشواز	pishvãz	출영(出迎). 영접.
پیشه	pishe	직업. 천직. 사업.
پیغام	peighãm	전갈. 메시지. 계시.
پیغمبر	peighambar	예언자.
پیکان	peikãn	촉. 첨단.
پیل	pil	코끼리.
پیمان	peimãn	계약. 협상. 조약.
پیمانه	peimãne	분량.
پیمایش	peimãyesh	측량.
پیمودن	peimudan	پیما 어근. 측량하다.
پیوستن	peivastan	پیوند 어근. 결합하다. 잇다.
پیوسته	peivaste	연결된. 연속적으로. 동봉한.

تا	tã	...개(個).
تا	tã	...까지. ...이래. ...하는 한.
تا اندازه ای	ta andãzei	어느 정도.
تاب	tãb	불꽃. 섬광. 회전.
تابستان	tãbestãn	여름.
تابلو	tãblo	간판. 그림. 게시판.
تابوت	tãbut	관(棺).
تابیدن	tãbidan	تاب 어근. 빛나다. 꼬다.
تأثیر	ta'sir	감동. 영향. 인상.
تاج	tãj	왕관.
تاجر	tãjer	상인.
تاختن	tãkhtan	تاز 어근. 질주하다. 침략하다. 돌진하다.
بر تاختن	bar tãkhtan	...을 공격하다. 돌진하다.
تأخیر	ta'khir	연기. 늦춤.
تأخیر داشتن	ta'khir dãshtan	늦추다. 지체하게 하다.
تار	tãr	코드. (악기의) 현. 터르(악기명).
تاریخ	tãrikh	역사. 날짜.
تاریخی	tãrikhi	역사상의.
تاریک	tãrik	어두운. 음울한.
تاریکی	tãriki	암흑.
تازگی	tãzegi	신선. 최근.
تازه	tãze	신선한. 새로운.
تازی	tãzi	아랍인. 아랍의.
تأسف	ta'ssof	뉘우침. 후회.
تأسف خوردن	ta'ssof khordan	후회하다. 뉘우치다.
تافتن	tãftan	تاب 어근. 꼬다. 감다. (실을)잣다.
تاکسی	tãksi	택시.
تاکسی گرفتن	tãksi gereftan	택시를 잡다.

تاكنون	tāk/o/nun	지금까지.
تأكيد	ta'kid	강조. 주장.
تالار	tālār	강단. 회관. 홀.
تأليف	ta'lif	편집.
تأمين	ta'min	보증. 보호.
تب	tab	열.
تبادل	tabādol	교환.
تباشير	tabāshir	분필.
تبديل	tabdil	변화. 변환.
تبديل كردن	tabdil kardan	교환하다. 변화하다.
تبر	tabar	큰 도끼
تبريز	tabriz	타브리즈(지명).
تبريک	tabrik	축하.
تبريک عرض می كنم	tabrik 'arz mikonam	축하합니다.
تبسم	tabasom	미소.
تبليغ	tabligh	광고. 선전.
تپانچه	tapānche	권총.
تپه	tappe	언덕.
تجارت	tejārat	상업. 무역.
تجارتخانه	tejāratkhāne	상가. 상점.
تجارتی	tejārati	상업의. 무역의.
تجاوز	tajāvoz	위반. 침입. 잠입.
تجديد	tajdid	갱신. 혁신. 개정.
تجربه	tajr/e/obe	경험.
تجزيه	tajziye	분석.
تجمل	tajammol	사치. 호사.
تجويز	tajviz	인가. 추천.
تحت...	tahte...	... 밑에. ...아래에.
تحرير	tahrir	쓰는 것.
تحسين	tahsin	칭찬. 갈채.
تحصيل	tahsil	공부. 교육. 습득.
تحصيلات	tāhsilāt	تحصيل 의 복수.
تحصيل كردن	tehsil kardan	공부하다. 교육하다.

تحقیق	tahqiq	조사연구. 연구.
تحمل	tahammol	인내. 지구력.
تحمل کردن	tahammol kardan	인내하다. 참다.
تحویل	tahvil	배달.
تحویل کردن	tahvil kardan	배달하다.
تخت	takht	왕좌. 침상. 평평한.
تختخواب	takhte khāb	침대.
تخت جمشید	takhte jamshid	페르세폴리스(지명)
تخته	takhte	널판지. 판.
تخته سیاه	takhte siyāh	칠판.
تخصص	takhassos	전문. 숙련. 숙달.
تخفیف	takhfif	할인. 에누리.
تخفیف دادن	takhfif dādan	할인해 주다.
تخلص	takhallos	필명. 가명. 예명.
تخلیه	takhliye	철수. 배출. 철거.
تخم	tokhm	씨앗. 알. 정액.
تخم مرغ	tokhme morgh	달걀.
تخیل	takhayyol	환상. 상상.
تدبیر	tadbir	방책. 관리. 경영.
تدریج	tadrij	조금씩. 점차. 서서히.
تدریس	tadris	가르치는 것. 교육.
تدریس کردن	tadris kardan	가르치다.
تدوین	tadvin	편집.
تذکر	tazakkor	언급. 상기. 기억. 지적.
تر	tar	축축한. 물기가 있는.
ترا	torā	ترا = تو را = 너를.
ترازو	tarāzu	저울.
تراش	tarāsh	면도. 깎음.
تراشیدن	tarāshidan	تراش 어근. 깎다. 밀다.
ترانه	tarāne	노래. 곡조.
ترب	torob	무우.
تربچه	torobche	래디쉬. 빨간 무우.
تربیت	tarbiyat	훈련. 가르침.

ترتیب	tartib	정리. 차례. 정돈.
ترتیب دادن	tartib dãdan	정리하다. 배열하다.
ترجمه	tarjome	번역. 해석.
ترحیم	tarhim	장례.
مجلس ترحیم	majles e tarhim	추도회.
تردید	tardid	의심. 의혹. 불확실함.
ترس	tars	두려움. 무서움. 걱정.
ترساندن	tarsãndan	ترسان 어근. 놀라게 하다. 두렵게 하다.
ترسانیدن	tarsãnidan	ترسان 어근. 놀라게 하다. 두렵게 하다.
ترسناک	tarsnãk	두려운. 무시무시한.
ترسو	tarsu	소심한. 비겁한.
ترسیدن	tarsidan	ترس 어근. 두려워하다. 무섭다. 겁내다.
ترش	torsh	신. 시큼한.
ترشی	torshi	식초에 절인 것.
ترقی	taraqi	진보. 발달.
ترک	tark	포기. 정지. 단념.
...را ترک کردن	..rã tark kardan	...을 떠나다.
ترکی	torki	터어키어. 터어키인.
ترکیب	tarkib	합성. 조합.
ترکیه	tordkiye	터어키(지명).
ترمز	tormoz	브레이크.
ترن	teran	기차.
تره	tarre	부추.
تریاک	taryãk	아편. 마약.
تزریق	tazriq	주사. 접종.
تزیین	tazyin	장식.
تسبیح	tasbih	염주.
تسعیر کردن	tas'ir kardan	교환하다. 환전하다.
تسکین بخش	taskin bakhsh	진정시키는. 완화시키는.
تسکین دادن	taskin dãdan	달래다.

تسليت	tasliyat	애도.
تسليم كردن	taslim kardan	항복하다. 굴복하다.
تشجيع	tashji'	격려.
تشخيص	tashkhis	식별. 구별.
تشخيص دادن	tashkhis dãdan	구별하다. 식별하다.
تشديد	tashdid	강화. 타쉬디드(문법기호명).
تشريف	tashrif	정중한 표현.
تشريف آوردن	tashrif ãvardan	오시다. 도착하시다.
تشريف بردن	tashrif bordan	가시다. 떠나시다.
تشريف داشتن	tashrif dãshtan	계시다. 머무르시다.
تشريفات	tashrifãt	의전. 의식. 의례.
تشكر	tashakkor	감사. 고마움.
تشكر كردن	tashakkor kardan	감사하다.
تشكيل	tashkil	구성. 편성. 성립.
تشكيل دادن	tashkil dãdan	구성하다. 성립하다.
تشنج	tashannoj	경련. 발작.
تشنه	teshne	목마른. 갈망하는.
تشويق	tashviq	격려. 장려.
تشويق كردن	tashviq kardan	격려하다.
تصادف	tasãdof	충돌.
تصادف كردن	tasãdof kardan	충돌하다. 사고가 나다.
تصادفاً	tasãdofan	우연히.
تصديق	tasdiq	확인. 공인. 입증.
تصفيه	tasfiye	정제. 여과법.
تصميم	tasmim	결심.
تصميم گرفتن	tasmim gereftan	결정하다. 결심하다.
تصوير	tasvir	그림. 사진. 삽화.
تطبيق	tatbiq	비교. 대조.
تطبيقى	tatbiqi	비교의. 대조의.
ادبيات تطبيقى	adaiyãt e tatbiqi	비교문학.
تظاهر	tazãhor	표명. 데모. 시위.
تظاهرات	tazãhorãt	تظاهر 의 복수. 데모. 시위.
تظاهرات در خيابانها	tazãhor dar khiyãnhã	가두시위.

تعارف	ta'ãrof [tã'ãrof]	의례적인 인사. 공손한 말.
تعارف کردن	ta'ãrof [tã'ãrof] kardan	인사치레하다.
تعبیر	ta'bir	주석. 해석. 설명.
تعجب	ta'ajjob	놀람. 경악.
تعجب کردن	ta'ajjob kardan	놀라다.
تعریف	ta'rif	설명. 기술. 묘사.
تعصب	ta'asob	편견. 선입관.
تعطیل	ta'til	휴일. 휴직. 방학.
تعظیم کردن	ta'zim kardan	경의를 표하다.
تعقیب کردن	ta'qib kardan	수행하다. 고소하다.
تعلیم	ta'lim	교육.
تعمیر	ta'mir	수선. 고침.
تعمیرگاه	ta'mirgãh	수선소. 수리공장.
تعمیرکار	ta'mirkãr	수리공.
تعویض	ta'viz	교체. (화초)분갈이.
تعویق	ta'viq	연기. 연장.
تغییر	taghyir	변화. 전환.
تغذیه	taghziye	음식물제공. 식량. 음식분량.
سوء تغذیه	su' e taghziye	영양실조.
تغییر کردن	taghyir kardan	변화하다. 변경하다.
تفاوت	tafãvot	차이. 다양성.
تفاهم	tafãhom	상호이해. 동의.
سوء تفاهم	su'/'e tafãhom	오해.
تفریح	tafrih	오락. 기분전환.
تفنگ	tofang	총. 장총.
تقاضا	taqãzã	요구. 청구.
تقاضا کردن	taqãzã kardan	요구하다.
تقاضا نامه	taqãzãnãme	원서. 청구서.
تقدیم	taqdim	제출.
تقدیم کردن	taqdim kardan	제출하다. 기증하다.
تقریباً	taqriban	대략. 거의. 대체로.
تقسیم	taqsim	분배. 나눔.
تقسیم کردن	taqsim kardan	나누다. 분배하다.

تقلب	taqallob	위조. 사기.
تقلید	taqlid	모방.
تقویت	taqviyat	강화. 지원.
تقویم	taqvim	달력.
تقویم جلالی	taqvime jalāli	자럴리력(曆).
تک	tak	유일무이한. 하나. 홀로.
تک و تنها	tak o tanhā	완전히 홀로.
تکامل	takāmol	진전. 완성.
تکان	takān	흔들임. 충격.
تکان دادن	takān dādan	흔들다.
تکان خوردن	takān khordan	흔들이다. 움직이다.
تکثیر	taksir	증가.
تکرار	tekrār	반복.
تکرار کردن	tekrār kardan	반복하다. 되풀이하다.
تکلیف	taklif	숙제. 의무. 연습.
تکمیل	takmil	완성. 완료.
تگرگ	tegarg	우박.
تلاش	talāsh	노력. 분투.
تلافی کردن	talāfi kardan	앙갚음하다. 복수하다.
تلاقی کردن	talāqi kardan	합류하다.
تلخ	talkh	쓴. 혹독한.
تلفظ	talaffoz	발음.
تلفن	telefon	전화.
تلفن کردن	telefon kardan	전화걸다.
تلفن همراه	telefone hamrāh	휴대폰
تلگراف	telegrāf	전보.
تلگراف خانه	telegrāfkhāne	전신국.
تمادی	tamādi	연장. 연기. 지속기간.
تماس	tamās	접촉.
تماس گرفتن	tamās gereftan	접촉하다.
تماشا	tamāshā	구경. 관람.
تماشا کردن	tamāshā kardan	구경하다. 관람하다.
تماشاگر	tamāshāgar	구경꾼. 관객.

تمام	tamãm	모든. 전체. 완전.
تمام شدن	tamãm shodan	끝나다. 완성되다.
تمایل	tamãyol	경향. 마음이 쏠린.
تمبر	tambr	우표.
تمدید	tadid	연장. 늘임.
تمدن	tamadon	문명.
تمرین	tamrin	연습. 훈련.
تملق	tamalloq	감언. 알랑거림.
تمیز	tamiz	청결한.
تمیز کردن	tamiz kardan	깨끗이 하다.
تن	tan	신체.
تناول کردن	tanãvol kardan	취하다. 먹다.
تنباکو	tanbãku	연초. (수초용)담배.
تنبل	tanbal	게으른.
تنبیه	tanbih	징벌. 혼냄.
تند	tond	매운. 빠른. 진한.
تندرست	tandorost	건강한.
تنظیم	tanzim	정돈. 정리.
تنگ	tang	좁은. 꽉 끼는.
تنگدست	tangdast	빈곤한. 가난한.
تنوین	tanvin	탄빈(문법기호명).
تنها	tanhã	홀로. 고독한. 유일한.
تنها...نه بلکه...نیز	tanhã...na balke...niz	...뿐만 아니고...도.
تو	to	너.
تو = توی	tu = tuye	안. 안쪽. 안의. 안에.
توالت	toãlet	화장실.
توان	tavãn	힘. 능력.
توانا	tavãnã	힘있는. 강한.
توانستن	tavãnestan	توان 어근. 할 수 있다.
توانگر	tavãngar	부유한. 부유한 사람.
توپ	tup	공. 대포. 총.
توت	tut	오디.
توت فرنگی	tut farangi	딸기.

توجه	tavajjoh	주의.
توجه کردن	tavajjoh　kardan	주의하다. 주목하다.
توده	tude	대중. 무리. 덩어리.
تور	tur	그물. 덫.
تورم	tavarrom	인플레. 팽창. 부풀어오름.
توسط	tavassot	중개.
به توسط...	be tavassote...	...통해서.
توسعه	touse'e	확장. 개발.
توصیه	tousiye	추천. 제안.
توضیح	touzih	설명.
توضیح دادن	touzih　dãdan	설명하다.
توطن کردن	tavatton　kardan	귀화하다. 정착하다.
توقف	tavaqqof	정지. 멈춤.
توقف کردن	tavaqqof　kardan	머무르다. 정지하다.
توکل	tavakkol	신뢰. 신임.
تولد	tavallod	탄생.
عید تولد	ide tavallod	탄생기념.
توله	tule	(동물의)새끼. 강아지.
تولید	toulid	생산. 제조.
تومان	toman	이란의　화폐단위(1토먼=10 리얼).
توی...	tuye...	...안에.
ته	tah	바닥. 밑둥.
ته بلیط	tah e belit	표를 떼고 남은 부분.
تهران	tehrãn	테헤란(지명).
تهویه	tahviye	환기. 통풍.
تهیه	tahiye	준비.
تهیه کردن	tahiye　kardan	준비하다.
تیر	tir	화살. 작살. 발사. 기둥.
تیر	tir	이란력 4월(서기력　6월22일 – 7월 22일에 해당).
تیره	tire	진한. 어두운.
تیز	tiz	날카로운. 빠른.

تیز	tiz	방귀
تیغ	tigh	칼날.
تیک تیک	tik tik	똑딱똑딱.
تیکه	tike	조각. 한 덩이.
تیمارستان	timãrestãn	정신병원.

ثابت	sãbet	고정된. 불변의. 입증된.
ثالث	sãles	제 3의. 제 3자.
ثانى	sãni	제 2의. 2번째의.
ثانيه	sãniye	초(秒).
ثبت	sabt	기록. 등록.
ثبوت	sobut	증거. 증명.
ثروت	se/a/rvat	부(富).
ثروتمند	se/a/rvatmand	부자. 부유한.
ثمر	samar	성과. 결과.
ثواب	savãb	보상. 보답.

جا	jā	장소. 곳.
به جای...	be jāye...	...대신에.
به جا آوردن	be jā āvardan	완성하다. 인정하다. 실행하다. 적용하다.
جادو	jādu	마법. 마술.
جاده	jade	길. 차도.
جاذبه	jāzebe	매력.
جاروب	jārub	빗자루.
جاروب کردن	jārub kardan	빗질하다.
جاسوس	jāsus	스파이.
جالب	jāleb	재미있는. 매력적인.
جامع	āme'	큰 이슬람사원. 포괄적인.
جامعه	jāme'e	사회.
جامه	jāme	의복. 옷.
جان	jān	생명. 혼. 마음.
...جان	...jān	...씨. ...양.
جانب	jāneb	쪽. 방향. 방면.
به جانب	be jāneb	...향하여. ...방향으로.
جانشین	jāneshin	후계자.
جا نماز	jānamāz	이슬람교도의 기도 방석.
جانور	jānevar	동물.
جایز	jāyez	허용할 수 있는. 합법적인.
جایزه	jāyeze	상금. 상품.
جایگاه	jāygāh	장소. 지역.
جایگزین	jāygozin	대체하는.
جبر و مقابله	jabr o moqābele	대수(代數).
جبران	jobrān	보상. 대가.
جدا	jodā	떨어진. 분리된.
جدا کردن	jodā kardan	분리하다.
جداً	jeddan	진심으로. 진지하게.
جدول	jadval	표. 목록. 예정표.

جدی	jeddi	진지한. 양심적인.
جدید	jadid	새로운.
جرأت	jor'at	용기.
جرأت داشتن	jor'at dãshtan	용기를 가지다.
جراح	jarrãh	외과의사.
جراحی	jarrãhi	외과의. 외과.
جر ثقیل	jarre saqil	기중기. 크레인.
جرم	jerm	찌꺼기. 규모.
جرم گوش	jerm e gush	귀지.
جرم	jorm	죄. 형벌.
جریان	jarayãn	진행. 흐름.
جریمه	jarime	벌금. 죄.
جز...	joz...	...이외에. ...외에.
جزء	joz'	성분. 조금. 부분적인. 부분의. 일부. 파편.
جزیره	jazire	섬.
جستجو	jostju	조사. 탐색. 연구.
جستجو کردن	jostju kardan	조사하다. 찾다. 수색하다.
جستن	jostan	جو [ju]어근. 찾다. 발견하다.
جستن	jastan	جو [jeh] 어근. 뛰어오르다.
جسد	jesad	시체. 송장.
بر جستن	bar jastan	도망가다. 뛰어넘다.
جسم	jesm	신체. 몸. 육체.
جشن	jashn	축연. 파티.
جعبه	ja'be	상자. 곽.
جغرافیا	jogrãfiyã	지리.
جفت	joft	한쌍. 짝수.
جگر	jegar	간(肝). 용기.
جلبک	jolbak	해초.
جلد	jeld	표지. 권(卷).
جلسه	jalase	회의. 모임.

جلگه	jolge	평지.
جلو	jelou	앞. 앞으로.
جلوى...	jelouye...	...앞으로. ...앞.
جلوگيرى	jelougiri	방해. 억제. 저지.
از... جلوگيرى كردن	az... jelougiri kardan	...을 저지하다. ...을 제지하다.
جمع	jam'	집합. 합계.
جمع كردن	jam' kardan	모으다. 더하다.
جمعه	jom'e	금요일.
جمعيت	jam'iyat	인구. 협회.
جمله	jomle	문장. 절(節). 전체.
از آن جمله	az ãn jomle	그 중에서.
جمهور	jomhur	공화국.
جن	jenn	요정. 신령.
جنابعالى	jenãn'ãli	귀하. شما 의 경어.
جنازه	janãze	시체.
جنب و جوش	jon[m]b o jush	움직임. 격한 활동. 소요. 동요.
جنس	jens	품질. 종류. 성별.
جنگ	jang	전쟁.
جنگل	jangal	숲.
جنوب	ja/o/nub	남쪽. 남쪽의.
جنون	jonun	광기. 정신이상.
جنوب شرقى	ja/o/nub sharqi	남동쪽의.
جنوب غربى	ja/o/nub gharbi	남서쪽의.
جو	jou	보리.
جو	ju	시내. 냇물.
جواب	javãb	대답.
جواب دادن	javãb dãdan	대답하다.
جوان	javãn	젊은. 젊은이.
جوانه	javãne	싹. 어린싹. 새순. 묘목.
جوانى	javãni	젊음.
جواهر	javãher	보석.

جوجه	juje	병아리. 새끼.
جوجه کباب	juje kabãb	닭구이요리.
جور	jur	종류. 비슷한.
جور آمدن	jur ãmadan	조화를 이루다.
جوراب	jurãb	양말.
جوش	jush	끓어오름. 뾰루지. 흥분.
جوش آمدن	jush ãmadan	끓다. 흥분하다.
جوشاندن	jushãndan	جوشان 어근. 끓이다.
جوشانیدن	jushãnidan	جوشان 어근. 끓이다.
جوشیدن	jushidan	جوش 어근. 끓다. 솟아오르다. 요동하다.
جوفاً	joufan	동봉해서.
جوهر	jouhar	잉크. 본질.
جوی	juy	جو= 가는 시내.
جویدن	javidan	جو[jav] 어근. 씹다.
جهان	jahãn	세계. 세상.
جهانگرد	jahãngard	관광객.
جهانگردی	jahãngardi	관광.
جهت	jahat	방향. 이유.
به جهت...	be jahate...	...방향으로. ...이유로. ...위해서.
جهنم	jahannam	지옥.
جیب	jib	주머니.
جیره	jire	할당. 배당.
جیغ	jigh	외침. 고함.
جیک جیک	jik jik	짹짹. 삐약삐약.

چ

چابک	chobok	재빠른. 민첩한.
چاپ	chāp	인쇄.
چاپ کردن	chāp kardan	인쇄하다.
چاپخانه	chāpkhāne	인쇄소.
چاپلوس	chāplus	아첨꾼.
چاپلوسی	chāplusi	아첨.
چادر	chādor	천막. 덮개. 베일.
چادر زدن	chādor zadan	천막을 치다.
چارچوب	chār chub	골격. 뼈대.
چاره	chāre	구제. 치료.
چاشنی کردن	chāshni kardan	미리 맛을 보다. 시식하다.
چاق	chāq	뚱뚱한. 살찐.
چاقو	chāqu	칼. 나이프.
چانه	chāne	턱. 값을 깎는 일.
چانه زدن	chāne zadan	언쟁하다. 값을 깎다.
چاه	chāh	우물. 구덩이.
چای	chāy	홍차.
چای خانه	chāykhāne	홍찻집. 찻집.
چپ	chap	왼쪽.
دست چپ	daste chap	왼편.
چتر	chatr	양산. 우산.
چرا	cherā	왜. 예(부정문의 긍정대답).
چراغ	cherāgh	등불. 전등.
چراق برق	cherāghe barq	전기불. 전등.
چراندن	charāndan	چران 어근. 풀을 뜯게 하다. 가축을 방목하다.
چرب	charb	지방. 기름기.
چربی	charbi	기름진. 뚱뚱한.
چرت	chort	졸음. 선잠.
چرخ	charkh	바퀴. 회전.
چرخ زدن	charkh zadan	회전하다.

چرک	cherk	먼지. 고름. 때.
چرک نویس	cherknevis	대충 그린 도면.
چرم	charm	가죽.
چروک	choruk	주름. 구김살.
چسب	chasb	풀.
چسباندن	chasbãndan	چسبان 어근. 붙이다. 풀칠하다.
چسبیدن	chasbidan	چسب 어근. 밀착하다. 붙이다. 들러붙다.
چشم	che/a/shm	눈(眼).
چشم	chasm	네(구어).
چشم به جهان گشودن	chashm be jahãn gosudan	태어나다.
چشمه	chashme	솟는 샘. 원천.
چطور	chetour	어떻게. 무슨 방법으로.
چغندر	choghondar	비트.
چقدر	cheqadr	어떻게. 얼마나.
چک	chek	수표.
چکش	chakosh	망치.
چکیدن	chekidan	چک 어근. 물방울이 떨어지다. 새다.
چگونه	chegune	어떻게. 무슨 방법으로.
چلو	chelo	흰밥.
چلو خورش	chelo khoresh	첼로코레쉬(이란음식).
چلو کباب	chelo kabãb	첼로캬법(이란음식).
چمدان	chamadãn	트렁크.
چمن	chaman	잔디.
چمنزار	chamanzãr	풀밭. 초지.
چنان	chonãn	그와 같은.
چنانچه...	chonãnche...	만일... 할 때. ...할 경우에.
چنان... که	chonãn... ke	매우...하기 때문에.
چنانکه...	chonãnke...	...한 경우에. ...것처럼.
چند	chand	몇 개의. 얼마의. 얼마나 많이. 어떻게.

چندان...	chandãn...	그토록 많이. 그렇게.
چندانکه...	chandãnke...	...에도 불구하고. 아무리...해도. ...만큼...만.
چندین	chandin	그만큼. 그렇게 많이.
چنگال	changãl	포크.
چنین	chonin	이처럼. 이렇게.
چوب	chub	목재. 막대기.
چوپان	chupãn	양치기. 목동.
چوگان	chougãn	폴로 막대기.
چون	chun	...이므로. ...처럼. ...때.
چون...	chun...	...처럼.
چون که	chun ke	...이기 때문에.
چه	che	무엇. 어느. 왜냐하면.
چه... چه...	che... che...	...이든...이든.
چهار	cha/ã/hãr	4.
چهارده	cha/ã/hãrdah	14.
چهاردهم	cha/ã/hãrdahom	제 14의. 14번째의.
چهارراه	cha/ã/hãr rãh	사거리. 교차점.
چهارشنبه	cha/ã/hãrshanbe	수요일.
چهارشنبه سوری	cha/ã/hãrshanbesuri	처허르솬베쑤리(설날축제일).
چهارصد	cha/ã/hãrsad	400.
چهارصدم	cha/ã/hãrsadom	제 400의. 400번째의.
چهارم	cha/ã/hãrom	제 4의. 4번째의.
چهل	chehel	40.
چهل ستون	chehelsotun	체헬쏘툰(지명).
چهلم	chehelom	제 40의. 40번째의.
چیت	chit	사라사(면직물의 일종).
چیدن	chidan	چین 어근. 꺾다. 따다.
چیز	chiz	물건. 일. 사건.
چیزی	chizi	어느 것 하나. 아무것도.
چیزی نگذشت	chizi nagozasht	곧.
چین	chin	중국.
چینی	chini	중국인. 중국어. 중국의.

ح

حاجت	hãjat	필요. 요구.
حاجت مادر اختراع است	hãjat mãdar e ekhterã' ast	필요는 발명의 어머니.
حاجى	hãji	메카를 순례한 사람에게 붙이는 호칭.
حاجى شدن	haji shodan	허지가 되다.
حادثه	hãdese	사건. 재난. 사건발생.
حاصل	hãsel	작물.
حاصلخيز	hãselkhiz	비옥한.
حاضر	hãzer	준비된. 현재의. 출석한.
حاضر كردن	hazer kardan	준비하다. 출석하다.
حافظ	hãfez	보존. 코란을 외우는 사람.
حافظ	hãfez	허페즈(시인)
حافظه	hãfeze	기억. 기억력.
حال	hãl	상태. 지금. 현재.
به هر حال	be har hãl	어쨌든. 하여간.
حالا	hãlã	지금. 현재.
حالا كه...	hãlãke...	...한 이상. ...이므로. 따라서.
حالت	hãlat	상태.
حالى	hãli	현재의. 실재의.
حاوى	hãvi	포함한.
حبس	habs	체포. 구금. 수감.
حبه	habbe	곡식. 씨. 낱알.
حتماً	hatman	반드시. 확실히.
حتى	hattã	...까지. 심지어. ...하는 한.
حجاب	hejãb	베일.
حد	hadd	한계. 정도. 범위.
حد اقل	hadde aqal	최소한.
حد اكثر	hadde aksar	최대한.
حد وسط	hadde vasat	평균.
به حدى رسيدن	be haddi ra/e/sidan	...한계에 이르다.
تا يک حدى	tã yek haddi	어느 정도.

حدس	hads	추측. 추정.
حدس زدن	hads zadan	추측하다. 짐작하다.
حدود	hodud	**حد** 의 복수. 한계. 범위.
در حدود...	dar hodude...	대략. ...한계 이내.
حدیث	hadis	전승.
حذر	hazar	경계. 회피.
بر حذر داشتن	bar hazar dãshtan	경계하다. 피하다.
حراج	harrãj	판매.
حرارت	harãrat	온도. 열.
حرام	haram	비합법적인. 종교적으로 금지된. 불법적인 행위.
حرص	hers	탐욕. 욕심.
حرف	harf	문자. 활자.
حرف زدن	harf zadan	말하다.
حرفه	herfe	직업. 기술. 천직.
حرکت	harakat	동작. 출발.
حرکت کردن	harakat kardan	출발하다. 움직이게 하다.
در حرکت بودن	dar harakat budan	동작하다. 움직이다.
حروف	horuf	**حرف** 의 복수. 활자.
حزب	hezb	정당.
حس	hess	감각. 느낌.
حساب	hesãb	계산. 계좌.
حسابدار	hesãbdãr	회계사. 계산원.
حسابى	hesãbi	완전히. 계산의. 합리적인. 훌륭한. 도리에 맞는.
حسادت	he/a/sãdat	시기. 시샘. 부러움.
حساس	hassãs	민감한. 알레르기성의.
حساسیت	hassãsiyat	과민. 민감. 알레르기.
حسد	hasad	시기. 부러움.
حسد بردن	hasad bordan	시기하다. 부러워하다.
حسن	hasan	하산(인명)
حسین	hosein	호세인(인명)
حصول	hosul	달성. 도달. 습득.

حضور	hozur	출석. 참석.
در حضور...	dar hozure...	...면전에서.
حفارى	haffãri	발굴. 파기. 굴착.
حفظ	hefz	보호. 보존. 암기.
حفظ كردن	hefz kardan	외우다. 보호하다. 유지하다.
حق	haqq	권리. 봉급. 특권.
حقارت	haqãrat	경시. 경멸.
حقوق	hoquq	حق 의 복수. 급료. 법학. 권리
حقه	hoqqe	속임수. 사기.
حقه باز	hoqqebãz	사기꾼. 계략꾼.
حقه بازى	hoqqebãzi	속임수. 사기. 계략.
حقيقت	haqiqat	진실. 진리. 사실.
در حقيقت	dar haqiqat	실제로. 사실로. 실은.
حقيقتاً	haqiqatan	사실상. 실제로. 진실로.
حكم	hokm	명령.
حكمرانى	hokmrãni	지배. 통치.
حكومت	hokumat	정부. 통치. 통치정신.
حكيم	hakim	성자. 현자. 현인.
حل	hal	해결.
حل كردن	hal kardan	해결하다. 풀다.
حلال	halãl	합법의. 이슬람법에 따른.
حلقه	halqe	장식이 없는 반지. 둥근 것.
حلوا	halvã	할버(음식명).
حماسه	hamãse	서사시.
حمال	hammãl	운반인. 짐꾼.
حمام	hammãm	목욕. 목욕탕.
حمايت	hemãyat	지지. 지원. 보호.
حمل	haml	운반. 수송.
بر... حمل كردن	bar... haml kardan	운반하다. 나르다.
حمله	hamle	공격.
حمله بردن	hamle bordan	공격하다.
حوادث	havãdes	حادثه 의 복수. 사건. 재난.

حوالى	havãli	근교. 주변. 변두리.
حوزه	houze	범위. 구역. 영역.
حوصله	housele	인내. 참음. 견딤.
حوض	houz	작은 못.
حوله	houle	타월. 수건.
حياط	hayãt	마당.
حيث	heis	점(点). 관련.
از حيث...	az heise...	...에 관해서.
حيران	heirãn	놀란.
حيرت	heirat	놀람. 당황.
حيف	heif	아아! 유감이다!
حيله	hile	속임수. 계략.
حين	hin	순간. ...하는 동안.
حيوان	heivãn	동물.

خ

خاتم سازی	khātam sāzi	상감(象嵌)
خاتم کاری	khātam kāri	상감세공.
خاتمه	khāteme	결말.
خار	khār	가시. 가시덤불.
خارج	khārej	외부. 바깥.
خارج از...	khārej az...	...의 바깥쪽.
خارج شدن	khārej shodan	밖으로 나오다.
خارجی	khāreji	외국의. 외국인.
خاستن	khāstan	خیز 어근. 일어나다.
خاص	khās	특수한. 특별한.
خاصه	khāse	특히. 주로.
خاطر	khāter	마음. 사고. 기억.
به خاطر...	be khātere...	...위해서.
خاک	khāk	흙. 먼지.
به خاک سپردن	be khāk sepordan	매장하다. 땅에 묻다.
خاکستر	khākestar	재.
خاکستری	khākestari	회색의. 회색. 재 같은.
خاکی	khāki	흙의. 속세의. 카키색.
خال	khāl	점. 얼룩. 주근깨.
خالو	khālu	외삼촌.
خاله	khāle	이모.
خاله خرسه	khāle kherse	미혹한 우정. 남의 호의나 친절이 난처한 경우.
خالی	khāli	빈. 공허한.
خام	khām	날것의. 미숙한.
خاموش	khāmush	조용한. 침묵하는.
خاموش کردن	khāmush kardan	끄다.
خاموشی	khāmushi	침묵. 등화관제. 정전.
خاندان	khādān	가족.
خانقاه	khāqāh	(신비주의)수도원.
خانم	khānom	...씨(여성에 사용). 숙녀.

خانم...	khãnome...	...씨. ...양.
خانوَاده	khãnevãde	가족. 식구.
خانه	khãne	집. 가정.
خاور	khãvar	동양. 동쪽.
خاوردور	khãvare dur	극동.
خاورمیانه	khãvar/e/miyãne	중동.
خاویار	khãviyãr	캐비어.
خبر	khabar	뉴스. 소식.
خبر دار	khabar dãr	정신차려!(구어).
خبردادن	khabar dãdan	알리다. 통지하다. 알게되다.
با خبر شدن	bã khabar shodan	알다.
ختم	khatm	끝. 결말. 종국.
ختم شدن	khatm shodan	끝나다.
خجالت	khejãlat	부끄러움. 수줍음.
خجالت کشیدن	khejãlat keshidan	부끄러워하다. 수줍어하다.
خدا	khodã	신(神).
خداحافظ	khodãhãfez	안녕히 가십시오. 안녕히 계십시오(작별인사).
خدا نکند	khodã nakone	신이시여, 그런 일이 일어나지 않도록 해 주소서(구어).
خدا یا	khodã yã	오! 신이여!
خدا پرست	khodãparast	신앙심이 깊은.
خدمت	khedmat	봉사. 시중.
خدمت رسیدن	khedmat re/a/sidan	...만나러 가다.
خر	khar	당나귀. 바보.
خراب	kharãb	파괴된. 고장난.
خراب کردن	kharãb kardan	부수다. 파괴하다.
خرابه	kharãbe	폐허.
خراسان	khorãsãn	코러선(지명)
خربوزه = خربزه	kharbuze = kharboze	메론.
خرج	kharj	지출. 비용.
خرچنگ	kharchang	게.
خرد	kherad	지혜. 지성.

خرد	khord	작은. 사소한. 산산조각의.
خرداد	khordãd	이란력 3월(서기력 5월 22일 – 6월 21일에 해당).
خردل	kardal	겨자.
خرس	khers	곰.
خرگوش	khargush	토끼.
خرما	khormã	대추야자.
خرمالو	khormãlu	감나무. 감.
خروج	khoruj	출구. 퇴출.
خروس	khorus	수탉.
خرید	kharid	구매.
خریدار	kharidãr	구매자. 사는 사람. 손님.
خریدن	kharidan	خر 어근. 사다.
خزان	khazãn	가을.
خسارت	khsãrat	손해. 손실.
خسته	khaste	피곤한.
خسته شدن	khaste shodan	피곤해지다. 지치다.
خشخش	kheshkhesh	바스락바스락.
خشت	khesht	진흙 벽돌.
خشک	khoshk	건조한. 메마른.
خشم	khashm	노여움. 분통.
خشمگین	khashmgin	화난. 격노한. 성난.
خشن	khashen	거칠거칠한. 거친.
خشنود	khoshnud	기쁜. 행복한.
خصوصی	khosusi	사사로운. 특별한.
خصوصیات	khosusiyãt	특색. 특성.
خصومت	khosumat	적의. 악의. 증오.
خط	khat	문자. 선. 줄. 노선.
خطر	khtar	위험.
به خطر افتادن	be khatar oftãdan	위험에 빠지다.
بی خطر	bi khatar	무사히.
در خطر بودن	dar khatar budan	위험에 처하다.
خلاصه	kholãse	요약. 개요. 요약하면.

خلال دندان	kha/e/lãl e dandãn	이쑤시개.
خلبان	khalbãn	비행사.
خليج	khalij	만(灣).
خلوت	khalvat	인적이 드문. 적막한.
خم	kham	굽은. 곡선. 휨.
خم شدن	kham shodan	굽히다. 꼬부라지다.
خميازه	khamyãze	하품.
خمير	khamir	반죽.
خمير دندان	khamir e dandãn	치약.
خنجر	khanjar	단도.
خنده	khand	웃음거리.
خنديدن	khandidan	خند 어근. 웃다.
خنک	khonak	시원한. 차가운.
خواب	khãb	잠. 꿈.
به خواب رفتن	be khãb raftan	잠에 떨어지다. 잠들다.
خواب آلود	khãm ãlud	졸리는.
خواباندن	khãbãndan	خوابان 어근. 재우다.
خوابانيدن	khãbãnidan	خوابان 어근. 재우다.
خوابگاه	khãbgãh	기숙사.
خوابيدن	khãbidan	خواب 어근. 자다. 고장나다.
خواجه	khãje	선생. 학자. 거세된 남자.
خواستگاری	khãstgãri	구혼. 청혼.
خواستن	khãstan	خواه 어근. 원하다.
خواندن	khãndan	خوان 어근. 읽다. 노래하다. 공부하다.
خواننده	khãnande	가수. 독자.
خواه... خواه...	khãh... khãh...	...이든 ..이든지.
خواهر	khãhar	자매. 여자형제.
خواهر بزرگ	khãhare bozorg	언니. 누나..
خواهر کوچک	khãhare kuchek	여동생.
خواهش	khãhesh	요구. 요청.
خواهش کردن	khãhesh kardan	요구하다. 간청하다.
خواهش می کنم	khãhesh mikonam	천만에요(구어).

خواهش می کنم	khãhesh mikonam	죄송하지만,...원하다.
خواهشمند بودن	khãheshmand budan	원하다. 간청하다.
خوب	khub	좋은. 잘.
خیلی خوب	kheili khub	매우. 몹시. 매우 잘!(구어).
خود	khud	모자. 투구.
خود	khod	자신의. 스스로.
با خود بردن	bã khod bordan	끌려 가다.
خود بین	khod bin	이기주의의. 허영심이 많은.
خود پسندی	khod pasandi	이기주의. 자기중심주의.
خودکار	khodkãr	볼펜.
خود نویس	khodnevis	만년필.
خودکشی	khodkoshi	자살.
خود نمائی	khodnamã'i	허식. 허영. 겉치레.
خوراندن	khorãndan	خوران 어근. 먹이다. 먹게 하다. 양육하다.
خورانیدن	khorãnidan	خوران 어근. 먹이다. 먹게 하다. 양육하다.
خوردن	khordan	خور 어근. 먹다.
خورش	khoresh	스튜요리.
خورشید	khorshid	태양.
خوش	khosh	즐거운. 번영하는. 기쁜. 좋은.
خوش آمدن	khosh ãmadan	좋아하다.
خوش آمدید	khosh ãmadid	환영합니다. 환영!
خوش گذشتن	khosh gozashtan	즐겁게 지내다.
خوشبخت	khoshbakht	행운의. 운이 좋은.
خوشحال	khoshhãl	행복한. 즐거운.
خوشرو	khoshru	미소를 띤. 웃음을 띤.
خوشگل	khoshgel	아름다운.
خوشمزه	khoshmaze	맛있는.
خوشنود	khoshnud	행복한. 만족한.
خوشوقت	khoshvaqt	기쁜. 즐거운. 행복한.
خوشی	khoshi	행복. 즐거움. 기쁨.

خوف	khouf	무서움. 공포. 걱정.
خوک	khuk	돼지.
خون	khun	피.
خون دماغ	khun damãgh	코피.
خویش	khish	자기자신. 일가. 친척.
خویشاوند	khishãvand	친척.
خویشتن	khishtan	자신.
خیابان	khiyãbãn	거리.
خیار	khiyãr	오이.
خیال	khiyãl	사고. 상상. 공상.
خیال کردن	khiyãl kardan	상상하다. 사고하다,
خیانت	khiyãnat	배신. 불신.
خیر	kheir	양호. 축복.
خیرات	kheirat	자선.
خیره	khire	노려보는. 응시하는.
خیریه	kheiriye	자선단체.
خیزران	kheizrãn	대나무. 죽순.
خیس	khis	젖은. 축축한.
خیلی	kheili	많은. 매우. 많이.

د

داخل	dākhel	내부.
داخل...	dākhele...	...의 내부에.
داخله	dākhele	내부의. 국내의. 가정의.
داخلى	dākheli	내부의. 지방의.
داد	dād	공평. 정의. 외침.
داداش	dādāsh	오빠. 형제. 여보게!.
دادرس	dādras	판사.
دادگاه	dādgāh	법정. 재판소.
دادن	dādan	هد 어근. 주다.
داد و بیداد	dād o bidād	소란. 언쟁. 소동. 법석.
دارا	dārā	소유하는. 부유한.
دار العلوم	dār ol'olum	대학. 아카데미.
دارنده	dārande	소유자. 보유자.
دارو	dāru	약.
داروخانه	dārukhāne	약국.
داستان	dāstān	이야기.
داشتن	dāshtan	دار 어근. 가지고 있다.
داغ	dāgh	뜨거운. 불타는.
دام	dām	그물. 올가미. 가축.
داماد	dāmād	사위. 신랑.
دام پزشک	dām pezeshk	수의사.
دامن	dāman	스커트. 테두리. 옷자락.
دامنه	dāmane	범위. 자락. 주변.
دانا	dānā	현명한. 현자. 학자.
دانا شدن	dānā shodan	현명하게 된다.
دانستن	dānestan	دان 어근. 알다.
دانش	dānesh	지식.
دانشجو	dāneshju	대학생.
دانشکده	dāneshkade	단과대학.
دانشگاه	dāneshgāh	대학교.
دانشمند	dāneshmand	학자.

دانشیار	dãneshyãr	부교수.
دانه	dãne	알. 씨. 종자.
داوطلب	dãvtalab	지원자.
دایر شدن	dãyãr shodan	설립되다. 운영되다.
دائره المعارف	dã'erat ol ma'ãref	백과사전.
دایماً	dãyeman	항상. 변함없이.
دایی	dãyi	외삼촌.
دبستان	dabestãn	초등학교.
دبیر	dabir	서기(관). 교사.
دبیرخانه	dabirkhãne	사무국.
دبیرستان	dabirestãn	중. 고등학교.
دچار شدن	dochãr shodan	직면하다. 마주치다.
دخانیات	dokhãniyãt	담배제품.
دختر	dokhtar	소녀. 딸.
دخترانه	dokhtarãne	소녀다운. 소녀의.
دخترک	dokhtarak	어린 소녀.
دخترو	dokhtaru	어린 소녀.
دخل	dakhl	수입.
در	dar	문.
در	dar	...에. ....안의. ...동안.
در باب...	dar bãbe...	...에 관해서.
درباره...	dar bãreye...	...에 관해서. ...에 대해서.
در پس...	dar pas...	...뒤에.
در پهلوی...	dar pahluye...	...옆에.
در حدود...	dar hodude...	약. 대략.
در حضور...	dar hozure...	...면전에.
...در صد	...dar sad	...%.
در طی...	dar ta/e/y ...	...중인. ...하는 동안에.
در ظرف...	dar zarufe...	...이내에.
در عقب...	dar 'aqabe...	...의 후에.
در عوض...	dar 'avaze...	...대신에.
در عین حال	dar 'eine hãl	동시에.
در وسط...	dar vasate...	...가운데. ...한가운데.

در هر حال	dar har hãl	아무튼. 하여간. 어쨌든.
دراز	derãz	긴. 지루한.
درآمد	darãmad	수입.
درآمدگی	dar ãmadegi	돌출.
درآمدن	dar ãmadan	들어오다. 나가다. 등장하다. 판명되다. 벌이가 되다.
درآوردن	dar ãvardan	얻다. 가지고 나가다. 벗다.
دربار	darbãr	궁전.
در بست	dar bast	전세낸. 전체. 전부의.
درج کردن	darj kardan	포함시키다. 공포하다.
درجه	daraje	등급. 도(度).
درخت	derakht	나무.
در خواستن	dar khãstan	요구하다. 원하다.
درخور	darkhor	적절한.
درد	dard	아픔. 고통.
درد کردن	dard kardan	아프다.
به درد خوردن	be dard khordan	쓸모가 있다.
در رسیدن	dar ra/e/sidan	지나는 길에 들르다.
در رفتن	dar raftan	달아나다. 도망치다.
درز	darz	균열. 틈새.
درس	dars	학습. 강의.
درس خواندن	dars khãndan	공부하다.
درس دادن	dars dãdan	가르치다.
درست	dorost	올바른. 정확한. 완전한.
درست شدن	dorost shodan	만들어지다. 수정되다.
درست کردن	dorost kardan	만들다. 수정하다.
درشت	dorosht	큰. 광대한.
در گذشتن	dar gozashtan	서거하다. 돌아가시다.
درمان	darmãn	치료
درماندن	dar mãndan	비참하게 되다. 곤란하다.
...در میان	...dar miyãn	...간격을 두고,
درک	dark	이해. 인지.
درو	derou	수확. 추수.

دروغ	dorugh	거짓말.
دروغگو	doroughgu	거짓말쟁이. 허위의.
درون	darun	내부의. ....의 안쪽. 가슴. 안.
درویش	darvish	탁발승.
درهم	derham	은화.
دریا	daryã	바다.
دریاچه	daryãche	호수.
دریافت کردن	daryãft kardan	수취하다. 영수하다.
در یافتن	dar yãftan	인식하다. 이해하다.
دریچه	dariche	작은 문.
دریدن	daridan	در 어근. 찢어버리다.
دزد	dozd	도둑.
دسامبر	desãmbr	서기력 12월.
دست	dast	손. 방향.
دست خوردن	dast khordan	공격받다. 손실을 입다.
دست دادن	dast dãdan	악수하다. 기회를 주다.
دست زدن	dast zadan	손뼉을 치다. 착수하다.
دست گرفتن	dast gereftan	착수하다. 시작하다.
از دست دادن	az dast dãdan	잃다. 놓치다.
به دست آمدن	be dast ãmadan	손에 넣다.
دست...	daste...	... 방향. ....쪽.
دست چپ	daste chap	왼쪽. 왼손의.
دست راست	daste rãst	오른쪽. 오른손의.
دست شویی	dastshuyi	화장실.
دست کش	dastke/a/sh	장갑.
دست کم	daste kam	적어도.
دستگاه	dastgãh	장치. 기구. 세트.
دستگیر	dastgir	체포. 돕는 사람. 체포된.
دستمال	dastmãl	손수건.
دستور	dastur	문법. 규칙. 기본. 지시.
دسته	daste	손잡이. 자루. 다발.
دسته دسته	daste daste	삼삼오오. 끼리끼리.
دسر	deser	후식. 디저트.

دشت	dasht	사막. 평야.
دشمن	doshman	적. 원수. 반대자.
دعا	do'ã	기도.
دعا کردن	do'ã kardan	기도하다.
دعوا	da'vã	소송. 투쟁.
دعوت	da'vat	초대. 소집.
دعوت داشتن	da'vat dãshtan	초대받다.
دعوت کردن	da'vat kardan	초대하다.
دفاع	defã'	변호. 방어.
دفاع کردن	defã' kardan	방어하다. 막다.
دفتر	daftar	사무소. 등록부.
دفع	daf'	쫓아버림. 추방. 격퇴.
...دفعه	...daf'e	...번. ...회(回).
دفن شدن	dafn shodan	매장되다.
دقت	deqqat	정밀. 정확. 주의.
دقت کردن	deqqat kardan	주의하다.
با دقت	bã deqqat	주의깊게.
دقیق	daqiq	세심한. 꼼꼼한. 상세한.
دقیقه	daqiqe	분(分).
دکان	dokkãn	가게. 점포.
دکتر	doktor	의사. 박사.
دکمه	dokme	단추. 스위치.
دل	del	마음. 중심. 심장.
دلم تنگ شد	delam tang shod	나는 그립다. 나는 쓸쓸하다.
از دل و جان	az del o jãn	마음으로부터.
دلار	dolãr	달러.
دلپذیر	delpazir	바람직한. 즐거운.
دلتنگ	deltang	우울한. 향수의. 외로운.
دلتنگی	deltangi	향수(鄕愁). 번민. 외로움.
دلدل	deldel	망설임. 우물쭈물한.
دلسوز	delsuz	친절한. 연민의. 동정의.
دلسوزی	delsuzi	연민. 동정.
دلگشا	delgoshã	기분을 돋우는. 즐거운.

دلمه	dolme	(토마토. 양배추 등에 잘게 썬 고기와 밥을 넣은)이란 음식.
دلیل	dalil	원인. 동기.
دم	dam	순간. 한숨. 수증기.
دم کشیدن	dam keshidan	(차를)우려내다.
دم	dom	꼬리.
دماغ	damãgh	코. 두뇌.
دنبال	donbãl	뒤. 후면. 뒤의. 뒤따라.
دنبال کردن	donbãl kardan	쫓다. 뒤따라 가다.
دندان	dandãn	치아.
به دندان گرفتن	be donbãl gereftan	입에 물다.
دندان ساز	dadãnsãz	치과의사.
دنده	dande	기어.
دنیا	donyã	세계. 우주.
از دنیا رفتن	az donyã raftan	죽다.
به دنیا آمدن	be donyã ãmadan	태어나다.
دو	do	2. 둘.
هر دو	har do	둘 다. 양쪽의. 모두의.
دوا	davã	약.
دوا خوردن	davã khordan	약을 복용하다.
دوازده	davãzdah	12.
دوازدهم	davãzdahom	제 12의. 12번째의.
دوام	davãm	내구성. 견디는 힘.
دوان دوان	davãn davãn	뛰면서. 달리면서.
دواندن	davãndan	دوان 어근. 달리게 하다.
دوانیدن	davãnidan	دوان 어근. 달리게 하다.
دوچرخه	docharkhe	자전거.
دوختن	dukhtan	دوز 어근. 바느질하다. 꿰매다.
دود	dud	연기. 증기.
دودکش	dudkesh	굴뚝. 연통.
دودی	dudi	훈제의.

دور...	doure...	...주위에.
دور	dur	먼.
دور افتادن	dur oftãdan	멀리 떨어지다.
دوران	dourãn	회전.
دوربین	durbin	망원경.
دوره	doure	기간. 시대. 시기. 과정.
دوره ی راهنمایی	doureye rãhnamãyi	중학. 입문기.
دوزخ	duzakh	지옥.
دوزک	duzak	화장.
دوست	dust	친구.
دوست داشتن	dust dãshtan	사랑하다. 좋아하다.
دوست دار	dust dãr	사랑하고 있는. 애호가.
دوستی	dusti	우정. 우애.
دوسره	dosare	왕복여행. 쌍두의. 상호의.
بلیط دوسره	belit e dosare	왕복승차표.
دوش	dush	어깨. 샤워.
دوشنبه	doshanbe	월요일.
دوشیزه	dushize	처녀.
دو طرفه	do tarafe	쌍방의.
دوغ	dugh	요쿠르트를 물에 탄 음료.
دوقلو	doqolu	쌍둥이.
دولت	doulat	정부.
دوم	dovvom	제 2의. 2번째의.
دونده	davande	주자(走者).
دو نیم	do nim	양분된. 둘로 쪼갠.
دویدن	davidan	دو 어근. 달리다.
دویست	devist	200.
دویستم	devistom	제 200의. 200번째의.
ده	dah	10.
ده	deh	마을. 촌. 시골.
دهان	dahãn	입.
دهقان	dehqãn	농부. 농민.
دهم	dahom	제 10의. 10번째의.

ده ملیون	dah meliyun	1000만.
ده ملیونم	dah meliyunom	제 1000만의. 1000만번째의.
ده هزار	dah hezãr	10000.
ده هزارم	dah hezãrom	제 10000의. 만번째의.
دی	dei	이란력 10월(서기력 12월 22일 – 1월 20일에 해당)
دیدن	didan	بین 어근. 보다. 만나다.
دیدن	didan	보다.
دیدنی	didani	볼만한. 볼 가치가 있는.
جای دیدنی	jãye didani	명소. 구경할 만 장소.
دید و بازدید	did o bãzdid	상호 방문. 방문.
دیده	dide	본. 경험한.
دیده شدن	dide shodan	보이다.
دیر	dir	늦은.
دیروز	diruz	어제.
دیشب	dishab	어제밤.
دیکته	dikte	받아쓰기.
دیگ	dig	가마솥.
دیگر	digar	다른. 다시. 다음의. 그밖의.
دیگران	digarãn	다른 사람들.
دین	din	종교. 신앙.
دینار	dinar	금화.
دینی	dini	종교의.
دیوار	divãr	벽.
دیوان	divãn	시집. 전집.
دیوانگی	divãnegi	미침. 정신이상.
دیوانه	divãne	미친. 광기의. 광인(狂人)
دیوانه وار	divãnevãr	미친듯이.

ذ

ذات	zãt	본질. 천성.
ذایقه	zãyeqe	맛. 기호. 취미.
ذبح	zebh	도살.
ذخیره	zakhire	저축. 저장. 비축.
ذره بین	zarebin	돋보기. 현미경.
زغال	zoghãl	숯. 목탄. 석탄.
ذکر	zekr	언급. 기억.
ذکر کردن	zekr kardan	언급하다. 기억하다.
ذوب آهن	zoub ãhan	제철.
ذوق	zouq	맛. 소양. 기호. 재능.
ذهن	zehn	생각. 의견.
ذیقیمت	ziqeimat	귀중한. 값비싼
ذیل	zeil	각주. 하기의. 부록.

ر

را	rã	...을. ...를.
راجع	rãje′	회귀하는. 거슬러.
راجع به	rãje′ be	...에 관하여. ...에 대하여.
راحت	rãhat	안락. 편안한. 편리한.
راحت باش	rãhat bãsh	마음 편히. 편히 쉬어.
راز	rãz	비밀. 신비.
رادیو	rãdiyo	라디오.
راست	rãst	오른쪽. 우(右). 올바른. 정확한. 곧은.
دست راست	daste rãst	오른쪽. 오른손.
راست	rãst	정확한. 똑바로. 정확하게.
راستگو	rãstgu	정직한 사람. 진실을 말하는.
راستی	rãsti	성실. 진실. 그런데. 진실로.
راضی	rãzi	만족하는. 마음에 드는.
راضی شدن	rãzi shodan.	만족하다. 일치하다.
ران	rãn	넙적다리.
راندن	rãndan	ران 어근. 운전하다.
رانندگی	rãnandegi	운전.
گواهینامه ی رانندگی	govãhinãme ye rãnandegi	운전면허증.
راننده	rãnande	운전수. 조종사.
راه	rãh	길. 도정. 방법. 목적.
راه راه	rãhrãh	줄무늬의.
راه رفتن	rãh raftan	걷다. 행진하다.
راه یافتن	rãh yãftan	들어가는 것을 허락받다. 길을 찾다.
به راه افتادن	be rãh oftãdan	출발하다.
راه آهن	rãhe ãhan	철도.
راهرو	rãhrou	복도.
راهنما	rãhnamã	안내인.
راهنمایی	rãhnamãyi	안내. 지도.
راهنمایی کردن	rãhnamãyi kardan	안내하다. 지도하다.

رأی	ra'y	투표. 투표권. 판단. 의견.
رأی دادن	ra'y dãdan	투표하다. 표를 주다.
رایزن	rãyzan	참사관. 고문.
به رایگان	be rãyegãn	무료로.
رب	robb	과즙.
رب گوجه فرنگی	robb e gojefarangi	토마토케찹.
رباعی	robã'i	사행시.
رباعیات	robã'iyãt	사행시집.
ربح	rebh	이자.
ربع	rob'	1/4.
ربودن	robudan	ربا어근. 강탈하다. 유괴하다.
رجوع	roju'	참고. 참조.
رجوع کردن	roju' kardan	참조하다.
رحمت	rahmat	자비.
رحیم	rahim	자비로운. 동정심있는.
رخت	rokht	옷. 의류. 복장.
رد	rad	거절. 부정. 거부.
رد کردن	rad kardan	거절하다. 실패하다.
ردیف	radif	줄. 열. 선.
رژیم	rezhim	식이요법. 다이어트.
رژیم گرفتن	rezhim gereftan	감식하다. 다이어트하다.
رساله	resãle	보고서. 소논문. 팜플렛.
رساندن	rasãndan	رسان어근. 전하다. 알리다. 도달케하다.
رسانیدن	rasãnidan	رسان어근. 위와 동일.
رستم	rostam	로스탐(영웅의 이름)
رستن	rostan	رو어근. 자라다. 솟아나다.
رستوران	restorãn	레스토랑.
رسم	rasm	습관.
رسمی	rasmi	공식의. 정식의.
رسید	resid	영수증.
رسیدگی	residegi	조사. 수사. 시찰.
رسیدن	ra/e/sidan	رس 어근. 도착하다.

رشته	reshte	부분. 분야. 전공. 국수.
رشته ی ادبیات	reshteye adabiyãt	문학분야. 문학전공.
رشد کردن	roshd kardan	발육하다. 성장하다.
رشوه	reshve	뇌물.
رضا	rezã	동의. 의지. 만족. 순종.
رضا دادن	rezã dãdan	동의하다. 복종하다.
رضایت	rezãyat	만족. 동의.
رطوبت	rotubat	습기. 습도.
رعایت	re'ãyat	준수. 호의.
رعایت کردن	re'ãyat kardan	지키다. 준수하다.
رعد	ra'd	천둥. 우뢰.
رفتار	raftãr	행동. 행위. 태도.
رفتن	raftan	رو 어근. 가다.
رفته رفته	rafte rafte	차츰차츰. 점차로.
رفع	raf'	제거.
رفع کردن	raf' kardan	없애다. 폐지시키다.
رفیق	rafiq	친구. 벗.
رقابت	reqãbat	경쟁. 겨룸. 대항.
رقاص	raqqãs	무용가.
رقص	raqs	무용. 춤. 춤추기.
رقصیدن	raqsidan	رقص어근. 춤추다.
رقم	raqam	숫자.
رگ	rag	혈관.
رل	rol	역할. 임무.
رمان	romãn	소설.
رمضان	ramazãn	이슬람력 9월. 금식월.
رنج	ranj	고통. 고뇌.
رنج بردن	ranj bordan	고통을 겪다. 고생하다.
رنج کشیدن	ranj keshidan	고통을 겪다. 수고하다.
رنگ	rang	색. 색깔.
رنگ پریده	rang paride	색이 바랜. 창백해진.
رنگین	rangin	채색된. 꾸민. 화려한.
رنگین کمان	rangin kamãn	무지개.

رو	ru	얼굴. 표면.
رو برو	ru beru	마주하고. 맞은편에. ...앞의.
رو کردن	ru kardan	얼굴을 향하다. 보다.
روا بودن	ravã budan	허용하다.
روابط	ravãvet	رابطه 의 복수. 관계.
رواج	ravãj	유통. 흐름. 유행. 보급.
روادید	ravãdid	비자. 입국사증.
روان	ravãn	흐르는. 유창한. 유통하는. 정신. 영혼. 마음.
روان شناسی	ravãnshenãsi	심리학.
روباه	rubãh	여우.
روبوسی کردن	rubusi kardan	얼굴을 서로 대다(인사방법).
روح	ruh	혼. 정신.
روحیه	ruhiye	심성. 심적상태. 사기(士氣).
رود	rud	강.
رودخانه	rudkhãne	강.
رودکی	rudaki	루다키(시인).
روده	rude	장(腸). 창자.
روز	ruz	일. 요일. 낮.
روزانه	ruzãne	매일의. 일지.
روزگار	ruzgãr	시간. 시대. 상태.
روزمره	ruzmare	일상의. 매일. 나날이.
روزنامه	ruznãme	신문.
روزه	ruze	단식.
روزه گرفتن	ruze gereftan	단식하다.
روژ	ruzh	입술연지.
روستا	rustã	마을. 촌.
روستایی	rustãyi	시골사람. 촌사람. 시골의.
روسی	rusi	러시아사람. 러시아어.
روسیه	rusiye	러시아.
روش	ravesh	방법.
روشن	roushan	밝은.
روشن شدن	roushan shodan	켜지다. 밝혀지다.

		명확해지다.
روشن کردن	roushan kardan	켜다. 불을 밝히다.
روشن فکر	roushan fekr	진보한. 지식인. 지적인.
روشویی	rushuyi	세면대. 세면기.
روضه	rouze	카르발라 비극의 대본. 그 목적을 위한 모임.
روغن	roughan	기름. 지방.
روغن زدن	roughan zadan	기름을 바르다. 기름을 치다.
رونق	rounaq	환기. 광채. 번영.
رونق یافتن	rounaq yãftan	번영하다.
رونوشت	ru nevesht	사본. 복사.
روی	ruy	위에.
روی هم رفته	ruy ham rafte	일반적으로. 대체로.
روییدن	ruyidan	روى어근. 자라다. 성장하다.
رها کردن	rahã kardan	석방하다. 면제하다.
رهسپار شدن	rahsepãr shodan	출발하다. 나아가다.
رهن	rahn	저당. 저당권.
ری	rei	레이(지명).
ریاست	riyãsat	지도자. 우두머리 직위.
ریاضی	riyãzi	수학.
ریاضیدان	riyãzidãn	수학자.
ریال	riyãl	리얼(이란화폐단위).
ریختن	rikhtan	ریز 어근. 붓다.
ریزبین	rizbin	현미경.
ریزش	rizesh	유출. 쏟아부음.
ریسندگی	risandegi	방적.
ریش	rish	턱 수염.
ریشه	rishe	근본. 뿌리. 기원. 어근.
ریگ	rig	자갈.
ریل	reil	레일. 선로.
رئیس	ra'is	우두머리. 지도자. 사장.
رئیس شرکت	ra'ise sherkat	사장.
رئیس دانشگاه	ra'ise dãneshgãh	대학교 총장.

ز

زادگاه	zãdgãh	출생지.
زاغ	zãgh	까마귀.
زانو	zãnu	무릎.
زانو زدن	zãnu zadan	무릎을 꿇다. 굴복하다.
زاویه	zãviye	각. 각도. 구석.
زائدالوصف	zã'edolvasf	표현할 수 없는. 다 말할 수 없는
زایمان	zãyemãn	분만. 해산.
زائیدن	zã'idan	زای 어근. 낳다. 출산하다.
زبان	zabãn	언어. 혀.
زبر	zebar	…위에. 훌륭한. 높은.
زحمت	zahmat	걱정. 근심. 폐. 고통.
زحمت کشیدن	zahmat keshidan	수고하다.
زخم	zakhm	상처. 상처난.
زخمی	zakhmi	부상자.
زدن	zadan	زن 어근. 때리다. 치다.
زر	zar	금.
زراعت	zerã'at	농업. 농경. 경작.
زرد	zard	황색. 금색. 노란색. 황색의.
زرد شدن	zard shodan	노래지다. 창백해지다.
زردآلو	zardãlu	살구.
زرع	zar'	경작. 농경.
زری	zari	금의. 금빛 무늬가 있는.
زشت	zesht	미운. 추한.
زعفران	za'farãn	사프란.
زغال	zoghãl	석탄.
زلزله	zelzele	지진.
زمان	zamãn	시간. 기간. 시대.
زمانی	zamãni	시대의. 시대순의.
زمزمه	zemzeme	중얼거림. 속삭임. 콧노래.
زمستان	zemestãn	겨울.

زمین	zamin	지면. 대지. 땅바닥.
زمین خوردن	zamin khordan	(땅에)넘어지다. 뒤집어지다.
زمینه	zamine	분야.
زن	zan	여자. 아내.
زن گرفتن	zan gereftan	(남자가)결혼하다.
زنانه	zanãne	여성용의.
حمام زنانه	hammãme zanãne	여탕.
زنبور	zanbur	벌(蜂).
زنجیر	zanjir	사슬. 쇠사슬.
زندان	zendãn	감옥.
زندگی	zendegi	생존. 일생. 생애.
زندگی کردن	zendegi kardan	살다. 생존하다.
زنده	zende	살아있는. 생생한. 생자(生者).
زنده کردن	zende kardan	살리다. 생명을 불어넣다.
زنده باد	zende bãd	만세(萬歲).
زنگ	zang	종. 벨. 녹슬음. 부식.
زنگ زدن	zang zadan	종을 치다. 벨을 울리다. 녹슬게 되다. 부식하다.
زوج	zouj	남편. 짝수.
زوجه	zouje	아내. 배우자.
زود	zud	빨리. 곧. 이내.
زود باش	zud bãsh	서둘러(명령)!
زور	zur	힘. 권력. 세력.
زورخانه	zurkhãne	전통체조장.
زورمند	zurmand	힘센. 강한. 강한 사람. (전통체조)운동선수.
زهر	zahr	독. 분노.
زیاد	ziyãd	많은. 수많은.
زیارت	ziyãrat	순례. 방문.
زیارت کردن	ziyãrat kardan	순례길을 떠나다. 방문하다.
زیان	ziyãn	손해. 손실. 해.
زیبا	zibã	아름다운. 귀여운. 예쁜.

زیتون	zeitun	올리브.
زیر	zir	아래. ...밑에. ...아래에. 소프라노의. 목소리 높은.
زیر درخت	zir e derakht	나무아래.
زیرا	zirã	왜냐하면. ...때문에.
زیرا که...	zirã ke...	...이기 때문에.
زیر پوش	zirpush	내의. 속옷.
زیر زمین	zirzamin	지하. 지하실.
زیرسیگاری	zirsigãri	재털이.
زیرک	zirak	현명한. 영리한.
زیستن	zistan	زی 어근. 살다. 생존하다.
زین	zin	말안장. 안장.
زینت	zinat	장식. 꾸밈.

ژ

ژاپن	zhãpon	일본.
ژاپنی	zhãponi	일본어. 일본인. 일본의.
ژاله	zhãle	서리(露). 이슬.
ژاندارمری	zhãndãrmeri	지방경찰. 헌병대.
ژانویه	zhãnviye	서기력 1월.
ژنده	zha/e/nde	낡은. 닳아 해진.
ژولیده	zhulide	흩어진. 혼합된. 뒤얽힌.
ژوئن	zhu'an	서기력 6월.
ژوئیه	zhu'iye	서기력 7월.

س

سابق	sãbeq	이전의. 전의. 앞의.
سابقاً	sãbeqan	전에는. 예전에는.
سابقه	sãbeqe	전례. 선례. 경력. 이력.
ساحل	sãhel	해안. 바닷가.
ساخت...	sãkhte...	...제(製). ...제작. ...제조.
ساخت کره	sãkhte kore	한국제.
ساختمان	sãkhtemãn	건물. 건축. 건설.
ساختن	sãkhtan	ساز어근. 만들다. 건설하다.
ساده	sãde	단순한. 순수한. 순진한.
ساری	sãri	순환하는. 유포하는.
امراض ساری	amrãze sãri	전염병.
ساز	sãz	악기.
سازمان	sãzmãn	조직. 기구. 구성.
سازنده	sãzande	연주자. 제작자. 창조적인.
ساسان	sãsãn	사산조(왕조명)
ساعات	sã'ãt	ساعت 의 복수. 시간.
ساعت	sã'at	시계. 시각. 시(時).
ساعت یک	sã'ate yek	1시.
ساعت ساز	sã'at sãz	시계 수리인. 시계방.
ساق	sãq	정강이. 앞다리. 종아리.
ساکت	sãket	조용한. 침묵의.
ساکت باش	sãket bãsh	조용해!(구어).
ساکن	sãken	거주자. 거주하는. 조용한.
سال	sãl	년(年). 해. 나이.
سال آینده	sãle ãyande	내년.
سال گذشته	sãle gozashte	지난해. 작년.
...سال پیش	...sãl pish	...년 전.
امسال	emsãl	금년. 올해.
سالاد	sãlãd	샐러드.
...سالگی	...sãlegi	..세(歲).
سالم	sãlem	건강한. 튼튼한.

سالمند	sālmand	성인. 어른의.
...ساله	...sāle	...세(崴).
سامان	sāmān	가재도구. 가구.
سامی	sāmi	셈족. 셈족어. 셈족의.
ساندویچ	sāndvich	샌드위치.
سایر...	sāyere...	...그밖의. ...나머지의. 다른 물건. 다른 사람
سایه	sāye	그림자. 그늘.
سایه شما کم نشود	sāyeye shomā kam nashe	앞으로도 잘 부탁합니다 (구어).
ساییدن	sāyidan	سای 어근. 분쇄하다. 빻다.
سبب	sabab	이유. 동기. 수단.
سبد	sabad	바구니. 소쿠리.
سبز	sabz	녹색의. 상쾌한. 푸릇푸릇한.
سبزه	sabze	잔디. 풀. 초원.
سبزی	sabzi	녹색. 채소.
سبزی پلو	sabzi polou	야채를 넣은 밥.
سبزی فروش	sabzi forush	야채 장수. 야채상.
سبزی فروشی	sabzi forushi	야채점. 야채 가게.
سبک	sabok	가벼운. 부드러운. 소화하기 쉬운.
سبیل	sebil	콧수염.
سپاس	sepās	감사. 호의.
سپاه	sepāh	군대. 부대.
سپتامبر	septāmbr	서기력 9월.
سپردن	sepordan	سپار 어근. 맡기다. 위임하다.
ستاره	setāre	별. 천체.
ستایش	setāyesh	칭찬. 숭배.
ستایش کردن	setāyesh kardan	칭찬하다. 예찬하다.
ستم	setam	억압. 학대. 박대.
ستمگر	setamgar	폭군. 압제자. 잔인한.
ستون	sotun	기둥.
سحر خیز	sahar khiz	일찍 일어나는 사람.

سخت	sakht	단단한. 어려운. 엄하게.
سختگیر	sakhtgir	엄격한.
سختی	sakhti	어려움. 고난. 재난.
سخن	sokhan	언어. 이야기. 연설.
سخنرانی	sokhanrāni	강의. 연설. 강연.
سخنرانی کردن	sokhanrāni kardan	연설하다. 강연하다.
سختگو	sakhangu	대변인. 연설가.
سد	sadd	댐. 둑.
سر	sar	머리. 정상. 당초. 우두머리.
سر تا سر	sar tā sar	처음부터 끝까지. 전부.
سر دادن	sar dādan	착수하다. 몰두하다.
سر ساعت	sare sā'at	정확한 시간에. 정각에.
سر میز	sare miz	테이블 앞에. 테이블에.
به سر بردن	be sar bordan	지나다. 소비하다. 살다.
سراپا	sarāpā	전체로. 머리에서 발끝까지.
سرازیر	sarāzir	경사진. 내리막의. 기울어진.
سراسر	sarāsar	도처에. 어디에나. 전부.
سراسر جهان	sarāsare jahān	온세상. 전세계.
سر انجام	sar anjām	마침내. 드디어. 결국.
سرافراز	sar afrāz	고상한. 고결한. 존귀한.
سرباز	sarbāz	병사. 졸병.
سرپرست	sar parast	감독. 관리자.
سرخ	sorkh	붉은. 빨간.
سرخ کردن	sorkh kardan	굽다. 튀기다.
سرد	sard	추운. 차가운. 냉정한.
سردرد	sar dard	두통. 근심.
سردسیر	sardsir	추운 지역.
سردی	sardi	한기. 냉기.
سر زمین	sar zamin	국토.
سرزنش	sarzanesh	비난. 힐책.
سرزنش کردن	sarzanesh kardan	비난하다. 꾸짖다.
سرشار	sarshār	넘쳐흐르는. 막대한. 풍부한.
سر شماری	sar shomāri	인구조사.

سرطان	saratãn	암.
سرعت	sor'at	속도. 날쌤.
به سرعت	be sor'at	급속히. 급히.
سرفه	sorfe	기침.
سرقت	serqat	도둑질. 훔침.
سرکار	sarkãr	귀하. 댁.
سرکنسول	sar konsul	총영사.
سرکنسولگری	sar konsulgari	총영사관.
سرکه	serke	식초.
سرگرم	sar garm	전념하고 있는. 열중하는.
سرما	sarmã	한기. 추위. 감기.
سرما خوردن	sarmã khordan	감기에 걸리다.
سرمایه	sarmãye	자본. 밑천.
سرمایه دار	sarmãyedãr	자본가.
سرمایه داری	sarmãyedãri	자본주의.
سرمقاله	sar maqãle	사설. 논설.
سر مهندس	sar mohandes	주임기사. 기사장.
سرنگون	sar negun	전복된. 뒤집힘.
سرنوشت	sar nevesht	운명.
سرو	sarv	삼나무.
سرود	sorud	노래.
سرود ملی	sorude melli	국가(國歌).
سرودن	sorudan	سرا 어근. 노래하다.
سرویس	servis	서비스. 셔틀버스.
سریع	sari'	빠른. 날쌘. 신속한.
سریع السیر	sari' osseir	급행.
سزا	sezã	배상. 대가.
بسزا	be sezã	당연히. 바로.
سزاوار	sezãvãr	올바른. 할만한 가치있는.
سست	sost	허약한. 천천히.
سطح	sath	표면. 지면. 수면.
از سطح دریا	az sathe daryã	해발.
سعادت	sa'ãdat	행복. 번영.

سعادتمند	sa'ādatmand	행복한. 번영된. 축복받은.
سعدى	sa'di	사아디(시인).
سعديه	sa'diye	사아디조(朝).
سعى	sa'y	노력.
سعى كردن	sa'y kardan	노력하다.
سفارت	sefārat	대사관.
سفارش	sefāresh	주문. 추천. 권장.
سفال	so/a/fāl	토기.
سفت	seft	단단한. 뻣뻣한. 질긴.
سفر	safar	여행.
سفر بخير	safar bekheir	즐거운 여행!(구어).
سفره	sofre	식탁보.
سفيد	sefid	하얀. 백색.
سفير	safir	대사.
سفير كبير	safire kabir	대사.
سقراط	soqrāt	소크라테스.
سقف	saqf	천장.
سكو	sakku	연단.
سكون	sokun	정막. 고요함.
سكون	sokun	소쿤(문법 기호명).
سكونت	sokunat	주거. 거주.
سكه	sekke	동전.
سكه طلا	sekkeye talā	금화. 금동전.
سگ	sag	개.
سل	sel	결핵.
سلاح	selāh	무기.
سلام	salām	인사말. 안녕. 안부.
سلام عليكم	salām 'leikom	안녕하세요!.
سلامت	salāmat	건강. 평안.
بسلامت	besalāmat	안녕히. 행운이 있기를.
بسلامتى	besalāmati	건강. 건배!(구어).
سلجوقى	seljuqi	셀죽조의.
سلطان	soltān	왕. 술탄.

سلطنت	soltanat	왕국. 군주통치.
سلمانی	salmãni	미용사. 이발사.
سلیقه	saliqe	재치. 풍류. 취향.
سم	samm	독. 독약. 독물.
سماق	somãq	소막(향료명).
سماور	samãvar	사머바르(홍차끓이는기구).
سمت	samt	방향.
به سمت...	be samte...	...방향의. ...쪽의.
سمت	semat	자격.
به سمت...	be semate...	...로서. ...의 자격으로.
سمنو	samanu	싹튼 밀의 즙이나 엿기름으로 밀가루를 혼합시킨 음식.
سن	sen	연령. 나이.
سنا	senã	상원.
سناتور	senãtãr	상원의원.
سنجاق	sajãq	핀.
سنجد	sanjed	야생 올리브.
سنجیدن	sanjidan	سنج 어근. 측정하다.
سند	sanad	서류.
سنگ	sang	돌.
سنگ پشت	sang posht	거북이. 자라.
سنگین	sangin	무거운.
سنی	sonni	순니파의. 순니파.
سو	su	방향. 쪽.
سوء...	su'e	나쁜. 불량한. 나쁨. 사악한.
سوء تفاهم	su'e/ye/ tafãhom	오해.
سواحل	savãhel	ساحل 의 복수. 연안. 해안.
سواد	savãd	읽고 쓰는 능력. 학식.
سوار	savãr	기수. 승마의.
سوار شدن	savãr shodan	타다.
سؤال	so'ãl	질문.
از...سؤال کردن	az... so'ãl kardan	..대해 묻다.
سوت	sut	휘파람. 경적. 호각.

سوت زدن	sut zadan	호각을 불다. 휘파람을 불다.
سوپ	sup	스프.
سوپر	super	수퍼마켙.
سوخت	sukht	연료. 연소.
سوختگی	sukhtegi	화상.
سوختن	sukhtan	سوز 어근. 타다. 소모하다.
سود	sud	이익. 이자.
سودمند	sudmand	유익한.
سوراخ	surãkh	구멍.
سوریه	suriye	시리아.
سوزن	suzan	침. 바늘.
سوغات	soughãt	여행 선물.
سوگند	sougand	맹세. 선서.
سوم	sevvom	제 3의. 세번째의.
سوی...	suye...	...방향의.
سویس	suvis	스위스.
سویسی	suvisi	스위스인.
سه	se	3.
سهامی	sahãmi	주식의.
سهراب	sohrãb	쏘흐럽(인명).
سه شنبه	seshanbe	화요일.
سهم	sahm	할당. 몫. 주.
سی	si	30.
سیاحت	siyãhat	관광.
سیاره	saiyãre	유성.
سی ام	siom	제 30의. 30번째의.
سیاست	siyãsat	정치. 정책.
سیاست مدار	siyãsatmadãr	정치가.
سیاسی	siyãsi	정치의. 정치적인.
سیاه	siyãh	검은. 검은 색의. 어두운.
سیب	sib	사과.
سیب زمینی	sibzamini	감자.
سیخ	sikh	꼬챙이.

سید	sayyed	예언자 모함마드의 자손.
سیر	sir	배가 부른. 질린.
سیر شدن	sir shodan	배가 부르다.
سیر	sir	마늘.
سیزده	sizdah	13.
سیزده بدر	sizdah bedar	이란력 1월 13일 축제.
سیزدهم	sizdahom	제 13의. 13번째의.
سیصد	sisad	300.
سیصدم	sisadom	제 300의. 300번째의.
سیگار	sigãr	담배.
سیگار کشیدن	sigãr keshidan	담배 피우다.
سیل	seil	홍수.
سیم	sim	철사. 전선. 줄.
سیماب	simãb	수은.
سیمان	simãn	시멘트.
سینما	sinamã	영화관. 영화.
سینه	sine	가슴. 흉부.
سینی	sini	쟁반.

ش

شاخ	shākh	뿔.
شاخه	shākhe	가지.
شاد	shād	즐거운. 행복한. 재미있는.
شاداب	shādāb	기쁜. 신선한.
شادمان	shādmān	행복한. 쾌활한.
شادمان شدن	shādmān shodan	기쁘게 되다.
شادی	shādi	기쁨. 환락.
شاش کردن	shāsh kardan	소변보다. 오줌누다.
شاعر	shā'er	시인.
شاگرد	shāgerd	제자. 학생. 견습생.
شام	shām	저녁식사.
شامپو کردن	shāpu kardan	샴푸하다. 머리감다.
شامل	shāmel	포함하는. 구성하는.
شانزده	shānzdah	16.
شانزدهم	shānzdahom	제 16의. 열여섯번째의.
شانه	shāne	빗. 어깨.
شانه زدن	shāe zadan	빗질하다.
شاه	shah	왕. 임금.
شاهانه	shāhāne	탁월한. 왕의. 임금다운.
شاهدخت	shāhdokht	공주.
شاهزاده	shāhzāde	왕자.
شاه عباس	shah 'abbās	압버스왕
شاه کار	shāhkār	걸작.
شاهنامه	shāhnāme	왕서(王書, 작품명).
شاهنشاه	shānshāh	왕중의 왕. 이란 국왕의 칭호.
شاید	shāyad	아마. 어쩌면.
شایستن	shāyestan	شاید 어근. 적합하다. 할 만하다. 타당하다.
شایع	shāye'	널리 보급된. (소문이)자자한.
شایعه	shāye'e	소문.

شب	shab	밤. 야간.
شب بخیر	shab bekheir	안녕히 주무세요(구어).
شب جمعه	shabe jom'e	목요일밤.
شبانه روزی	shabãneruz	밤낮없이 항상. 기숙사.
شباهت	shabãhat	닮음. 유사.
شباهت داشتن	shabãhat dãshtan	닮다.
شبکاری	shabkãri	야근. 야간작업.
شبکه	shabake	네트워크. 방송망.
شبنم	shabnam	이슬. 서리.
شبیه	shabih	유사한. 비교되는. 비슷한.
شبیه بودن	shabih budan	닮다. 유사하다.
شپش	shepesh	이(곤충).
شتاب	shetãb	서두름. 속력.
شتافتن	shetãftan	شتاب 어근. 서두르다.
شتر	shotor	낙타.
شخص	shakhs	사람. 개인. 개체.
شخصاً	shakhsan	개인적으로. 친히. 직접.
شخصیت	shakhsiyãt	인격. 특성.
شدت	shedat	강렬. 격렬.
شدن	shodan	شو[shav] 어근. 되다.
میشود	mishe	할 수 있다. 된다.
نمیشود	nemishe	할 수 없다. 안된다.
شدید	shadid	격렬한. 강렬한. 사나운.
شدیداً	shadidan	격렬하게. 심하게. 강하게.
شر	sharr	나쁜. 재앙. 해. 사악. 불행.
شراب	sharãb	포도주.
شرایط	sharãyat	شرط 의 복수. 조건.
شربت	sharbat	시럽. 물약.
شرح	sharh	설명.
شرح دادن	sharh shodan	설명하다.
شرط	shart	조건. 계약. 내기.
شرط بستن	shart bastan	내기하다.
شرفیاب شدن	sharafyãb shodan	배알하다. 방문하다.

شرق	sharq	동양. 동쪽.
شرکت	sherkat	회사. 참가.
شرکت کردن	sherkat kardan	참가하다.
شرم	sharm	부끄러움. 수줍음. 소심.
شرمنده	sharmande	부끄럽게 여기는.
شروع	shoru'	시작. 개시.
شروع کردن	shoru' kardan	시작하다.
شریف	sharif	귀인. 고귀한.
شریک	sharik	파트너. 동조자.
شستشو	shostshu	세면. 씻기.
شستن	shostan	شو[shu]어근. 씻다. 세탁하다.
شش	shosh	폐. 허파.
شش	shesh	6.
ششم	sheshom	제 6의. 여섯번째의.
شصت	shast	60.
شصتم	shastom	제 60의. 육십번째의.
شطرنج	shatranj	서양장기. 체스.
شعبه	sho'be	분파. 지점. 지부.
شعر	she'r	시(詩).
شعرا	sho'rã	شاعر 의 복수. 시인.
شعله	sho'le	불길. 화염.
شغل	shoghl	직업.
شفا	shafã	치료. 회복. 완쾌.
شفاهى	shafãhi	구술의. 구비의. 말로.
شک	shak	의심. 주저. 망설임.
شکار	shekãr	사냥.
شکار کردن	shekãr kardan	사냥하다.
شکاف	shekãf	틈. 균열. 틈새.
شکایت	shekãyat	불만. 불평.
شکر	shekar	설탕. 가루설탕.
شکر	shokr	감사.
شکر گزاری کردن	shokrgozãri kardan	감사하다. 감사를 표하다.

شکست	shekast	패배. 파손. 실패.
شکست خوردن	shekast khordan	패배하다.
شکست دادن	shekast dãdan	패배시키다.
شکستن	shekastan	شکن 어근. 부수다. 깨다. 깨지다. 어기다.
شکل	shokl	형(形). 형상. 모양.
شکلات	shokolãt	초코렐.
شکم	shekam	배(腹).
شکوفه	shokufe	꽃이 핀 상태.
شکوه	shokuh	장엄. 화려. 성대.
شکیل	shakil	보기좋은. 맵시있는.
شلاق	shalãq	채찍질. 매질.
شلغم	shalgham	순무우.
شلنگ	shelang	활보. 큰 걸음.
شلوار	shalvãr	바지.
شلوق	sholuq	소동. 야단법석. 혼잡한.
شما	shomã	당신. 댁.
شماره	shomãre	번호.
شمال	shomãl	북(北). 북쪽.
شمردن	shomordan	شمار 어근. 세다. 계산하다.
به شمار رفتن	be shomãr raftan	계산되다.
بی شمار	bi shomãr	셀 수 없는. 무수한.
روز شماری	ruz shomãri	날을 셈.
شمس	shams	태양.
شمسی	shamsi	태양의.
شمشیر	shamshir	장검.
شمع	sham'	양초.
شمیران	shemirãn	쉐미런(지명).
شنا	shenã	수영.
شنا کردن	shenã kardan	헤엄치다. 수영하다.
شناختن	shenãktan	شناس 어근. 인식하다. 인지하다. 알다.
ایران شناس	irãnshenãs	이란학자.

مردم شناس	mardomshenãs	인류학자.
شناساندن	shenãsãndan	شناسان 어근. 알게하다. 소개하다.
شناسانیدن	shenãsãnidan	شناسان 어근. 알게하다. 소개하다.
شناسنامه	shenãsnãme	신분증명서.
شنبه	shanbe	토요일. ...요일.
شنونده	shenavande	청취자.
شنیدن	shenidan	شنو 어근. 듣다.
شنیده شدن	shenide shodan	들리다.
شوخی	shukhi	농담. 장난.
شور	shur	짭짤한. 짠. 흥분. 소동.
شور زدن	shur zadan	두근두근하다. 불안하다.
خیار شور	khiyãr shur	피클. 짠오이.
شورا	shourã	심의회. 평의회. 이사회.
شوفاژ	shofãzh	중앙난방.
شوق	shouq	열광. 강한 욕구.
شوکت	shoukat	영광.
شوم	shum	불길한. 흉조의.
شوهر	shouhar	남편.
شهبانو	shahbãnu	왕비.
شهر	shahr	도시. 시내.
شهربانی	shahrbãni	경찰.
شهرت	shohrat	명성. 평판.
شهردار	shahrdãr	시장(市長).
شهریار	shahryãr	왕. 군주.
شهریور	shahrivar	이란력 6월(서기력 8월23일 – 9월 22일에 해당).
شهریه	shahriye	월사금. 비용.
شهزاده	shahzãde	왕자.
شیخ	sheikh	족장. 장로. 학자. 스승.
شیر	shir	우유. 젖.
شیر	shir	사자. 수도꼭지. 우유. 젖.

شیراز	shiraz	쉬러즈(지명).
شیرین	shirin	달콤한. 단. 감미로운.
شیرینی	shirini	과자. 달콤함.
شیشه	shishe	유리. 유리병. 창유리.
شیطان	sheitãn	악마. 장난스러운.
شیطانی	sheitãni	악마의. 흉악한.
شیعه	shi'e	시아파.
شیفته	shifte	사랑에 빠진.
شیلات	shilãt	어업.
شیون	shivan	애도. 비탄. 통곡.
شیوه	shive	방법. 스타일.

ص

صابون	sãbun	비누.
صابون زدن	sãbun zadan	비누칠하다.
صاحب	sãheb	주인. 소유.
صادر	sãder	수출의. 발급된.
صادر کردن	sãder kardan	수출하다. 발행하다.
صادرات	sãderãt	수출품.
صادق	sãdeq	진실의.
صادقانه	sãdeqãne	정직한. 성실한.
صادق هدایت	sãdeq hedãyat	서데그 헤더야트(작가).
صاف	sãf	맑은. 깨끗한. 고른. 진실한.
صبح	sobh	아침.
صبح بخیر	sobh bekheir	안녕히 주무셨어요(아침인사).
صبحانه	sobhãne	아침식사. 조식.
صبر	sabr	인내. 극기.
صبر کردن	sabr kardan	기다리다. 참다. 인내하다.
صحبت	sohbat	회화. 대화.
صحبت کردن	sohbat kardan	말하다. .
صحت	sehhat	건강. 정확.
صحرا	sahrã	황야. 메마른 땅.
صحنه	sahne	무대. 장소.
صحیح	sahih	정확한.
صد	sad	100.
صدی...	sadi...	...%. 100분의 ....
...در صد	...dar sad	...%.
صدقه	sadaqe	구호금. 자선. 의연금.
صدم	sadom	제 100의. 백번째의.
صدا	sedã	소리. 음.
صدا زدن	sedã zadan	부르다.
صدد	sadad	계획. 의도.
صدف	sadaf	조개.

صد ملیون	sad melyun	1억.
صدمه	sadme	상해. 부상.
صدمه زدن	sadme zadan	상처를 입히다. 손해를 입히다. 상처내다.
صدمین	sadmin	백번째. 백번째의.
صدها	sadhã	수백의.
صد هزار	sad hezãr	10만.
صرافی	sarãfi	환전소. 환전업.
صرف	sarf	사용. 소비. 식사하는 일.
صرف کردن	sarf kardan	소비하다. 먹다. 사용하다.
صرف غذا	sarf ghazã	음식먹기.
صرفه	sarfe	이익. 절약.
صف	saf	열(列). 줄.
صف کشیدن	saf keshidan	줄을 서다. 정렬하다.
صفا	safã	청명함. 화창함. 청결.
صفت	sefat	형용사. 특질. 속성. 방법.
صفحه	safhe	페이지. 면. 음반.
صفر	sefr	제로.
صفویه	safaviye	사파비조(1501 – 1732).
صلاح	salãh	건전. 덕. 엄정.
صلاحیت	salãhiyat	자산. 능력.
صلح	solh	평화.
صلیب	salib	십자(十字).
صلیب سرخ	salibe sorkh	적십자.
صمیم	samim	밑바닥. 기초.
از صمیم قلب	az samime qalb	마음의 깊은 곳에서.
صمیمانه	samimãne	진심으로. 마음저변의.
صمیمی	samimi	친밀한. 친한.
دوست صمیمی	dust e samimi	친한 친구.
صناعت	sanã'at	공업. 수공예.
صنایع	sanãye'	صنعت 의 복수. 공업, 공예,
صنایع داخلی	sanãye' e dãkheli	국내산업.
صنایع سنگین	sanãye' e sangin	중공업.

صندلی	sandali	의자.
صندوق	sanduq	상자. 금고. 사서함.
صندوق پست	sanduq e post	우편함.
صندوقدار	sanduqdãr	출납계. 수납계.
صنعت	sana't	산업. 공업. 공예.
صنعتی	san'ati	산업의. 공업의.
صنعتگری	san'atgari	산업기술. 기술자 정신.
صواب	savãb	정당한. 정확한. 정당.
صوت	sut	소리. 음향.
صورت	surat	얼굴. 형식. 모양. 서류.
به صورت...	be surate...	...형식으로.
صورت حساب	surat e hesãb	계산서.
صورت غذا	surat e ghazã	메뉴.
صوفی	sufi	이슬람의 신비주의자.
صیاد	sayyãd	사냥꾼.
صید	seid	사냥. 수렵.
صیغه	sighe	일시처. 첩.

ض

ضامن	zãmen	보증인.
ضايع	zãye'	손상된. 망친.
ضبط	zabt	녹음. 몰수. 억제. 감금.
ضبط صوت	zabte sout	녹음기.
ضد	zedd	반대. 대립.
ضرب	zarb	타격. 곱셈.
ضرب المثل	zab olmasal	속담. 격언.
ضرر	zarar	손해. 손실.
ضرور	zarur	필요한.
ضرورت	zarurat	필요. 필수. 곤궁.
ضعف	za'f	약함. 쇠약.
ضعيف	za'if	약한. 가난한.
ضعيف شدن	za'if shodan	약해지다. 굽히다.
ضمانت	zamãnat	보증. 담보.
ضمانت نامه	zamãnatnãme	보증서.
ضمن	zemn	그동안. 잠시. 일정한 때.
ضمناً	zemnan	그동안에. 한편.
ضمه	zamme	단모음 기호명.
ضمير	zamir	대명사. 심장. 마음.
ضيف	zeif	손님. 방문객. 타인.

ط

طاس	tãs	대머리의. 털이 없는.
طاعون	tã'un	흑사병. 페스트.
طاق	tãq	아치. 반원형.
طاقت	tãqat	지구력. 끈기.
طالبی	tãlebi	멜론.
طاوس = طاووس	tãvus = tãvus	공작(조류).
طب	tebb	의학. 의술.
طبق...	tebqe...	...에 의해.
طبقه	tabaqe	층. 계층.
طبل	tabl	북.
طبیب	tabib	의사.
طبیعت	tabi'at	자연. 천연.
طبیعی	tabi'i	자연의.
طراح	tarãh	디자이너. 설계자.
طرح	tarh	디자인. 도안. 설계.
طرز	tarz	방법.
طرف	taraf	방향.
به طرف...	be tarafe...	...의 방향으로. ...쪽으로.
طرفدار	tafdãr	지지자. 추종자. 지지하는.
طرفداری	tarafdãri	편파. 파벌. 불공평.
طریق	tariq	방법. 길. 방침.
طریقه	tariqe	방법. 도(道).
طفل	tefl	유아.
طفل شیرخور	tefl e shirkhor	젖먹이.
طلا	talã	황금. 금.
طلاق	talãq	이혼.
طلبکار	talabkãr	채권자.
طلبکار بودن	talabkãr budan	채권자가 되다. 청구권을 가지다.
طلبیدن	talabidan	طلب 어근. 부르다. 소환하다. 요구하다.

طلسم	telesm	부적. 주문. 액막이.
طلوع	tolu'	상승. 돋아오름. 출현.
طلوع كردن	tolu' kardan	오르다. 나타나다.
طمع	tama'	욕심. 탐욕. 열망.
طناب	tanãb	줄. 끈. 밧줄.
طناب بازى	tanãbbãzi	줄넘기.
طور	tour	방법.
طوس	tus	투스(지명).
طوفان	tufãn	폭풍. 호우.
طوق	touq	목걸이.
طول	tul	길이.
طول كشيدن	tul keshidan	시간이 걸리다.
طولانى	tulãni	긴.
طويله	tavile	마구간. 외양간.
طى	ta/e/y	통과. ...의 사이에.
طى كردن	ta/e/y kardan	여행하다. 가로질러 가다.
در طى...	dar ta/e/ye...	..중 인. ...하는 동안에.
طياره	taiyãre	비행기.

ظالم	zãlem	폭군. 압제자. 잔혹한.
ظاهر	zãher	명백한. 뚜렷한.
ظاهر کردن	zãher kardan	명백하게 하다. 현상하다.
ظاهراً	zãheran	명백히. 뚜렷하게. 표면상.
ظرف	zarf	용기. 기간.
در ظرف...	dar zarfe...	...중에. ...사이에.
ظرفا	zorafã	ظریف 의 복수. 재치있는 사람. 유머러스한 사람.
ظرفیت	zarfiyat	용량. 수용력.
ظروف	zoruf	ظرف 의 복수. 용기.
ظریف	zarif	아기자기한. 우아한.
ظلم	zolm	압박. 억압.
ظهر	zohr	정오.
قبل از ظهر	qabl az zohr	오전.
بعد از ظهر	ba'd az zohr	오후.
ظهور	zohur	출현.

ع

عابر	'āber	통행인. 행인.
عاج	'āj	상아.
عاجز	'ājez	무력한. 무능한 사람.
عادت	'ādat	습관. 버릇.
عادت گرفتن	'ādat gerftan	습관이 되다.
عادل	'ādel	공정한. 바른.
عادی	'ādi	보통의.
عازم	'ājem	출발한.
عاشق	'āsheq	애인. 연인. 사랑하는.
عاشوراء	'āshurā'	이슬람력 1월의 10일.
عاطفه	'ātefe	애정. 호의.
عاطفی	'ātefi	상냥한. 감성의. 부드러운.
عاقبت	'āqebat	결과. 결말. 드디어. 결국.
عاقل	'āqel	현명한. 지혜로운. 슬기로운.
عالم	'ālam	세계.
عالم	'ālam	학자. 박식한.
عالی	'āli	우수한. 뛰어난. 최고의.
عام	'ām	일반의. 공중의.
عامیانه	'āmiyāne	구어. 속어. 민중의.
عبا	'abā	앞이 열리고 느슨하며 소매가 없는 외투.
عبادت	'ebādat	예배. 이슬람의 오행(五行).
عبارت	'ebārat	구(句). 문체. 어구.
عبارت از...	'ebārat az...	...로 이루어진. ...로 구성된.
عبور	'obur	통과. 통행. 횡단.
عتیق	'atiq	오래된. 구식의. 낡아빠진.
عجائب	'ajā'eb	عجیب 의 복수. 불가사의한 일.
عجب	'ajab	이상함. 경이. 놀라워(구어).
عجز	ajz	무능. 무력. 불능.
عجله	'ajale	급한. 신속.

عجم	'ajam	비아랍인. 이란인.
عدالت	'edālat	정의. 공명. 공평.
عدد	'adad	수. 개. 매. 숫자.
عدس	'adas	콩.
عدل	'adl	정의.
عدم	'adam	무(無). 없음.
عده	'edde	약간. 수(數).
عده زیادی	'eddeye ziyādi	많은 수의.
عذاب	'azāb	고문. 아픔.
عذر	'ozr	변명. 사과. 용서.
عراق	'erāq	이라크.
عرب	'arab	아랍. 아랍인.
عربی	'arabi	아랍의. 아랍인의. 아랍어.
عرض	'arz	표현. 설명. 발표.
عرض کردن	'arz kardan	설명하다. 말씀드리다.
عرفان	'erfān	신비주의철학. 신비주의지식.
عرق	'araq	땀. 술.
عروس	'arus	신부. 며느리.
عروسک	'arusak	인형.
عروسی	'arusi	결혼. 결혼식.
عروسی کردن	'arusi kardan	결혼하다.
عزا	'azā	상(喪). 조의. 애도.
عزاداری	'azādāri	애도. 상(喪). 상복.
عزب	'azab	독신의. 미혼의. 독신자.
عزت	'ezzat	명예. 명성.
عزم	'azm	의도. 의지.
عزیز	'aziz	친애하는. 소중한 사람.
عسل	'asal	벌꿀.
عشایر	'eshā'er	عشیره 의 복수. 부족.
عشرت	'eshrat	오락.
عشق	'eshq	애정. 사랑. 연애.
عصا	'asā	지팡이.
عصب	'asab	신경.

عصبانی	'asabani	화난. 성난.
عصر	'asr	오후. 시대.
عصمت	'esmat	정절. 순결.
عضو	'ozv	구성원. 멤버. 회원.
عضویت	'ozviyat	회원자격. 회원이 됨.
عطر	'atr	향료. 향.
عطسه	'atse	재채기.
عظمت	'azmat	위대함. 웅대. 장엄.
عظیم	'azim	위대한. 큰. 매우.
عقاب	'oqãb	독수리.
عقب	'aqab	뒤. 배후.
در عقب...	dar 'aqab...	...의 후에.
عقب فرستادن	'aqab ferestãdan	...부르러 보내다.
عقد	'aqd	계약. 체결.
عقل	'aql	지성. 지혜.
عقیده	'aqide	신념. 의견.
عقیق	'aqiq	마노(瑪瑙).
عکاس	'akkãs	사진사.
عکاسی	'akkãsi	사진술. 사진관.
عکس	'aks	사진.
عکس برداری	'aksbardãri	촬영.
علاج	'elãj	치료.
علاقه	'alãqe	흥미. 관심.
علاقه داشتن	'alãqe dãshtan	관심을 갖다. 좋아하다.
علامت	'alãmat	신호. 기호.
علاوه بر...	'alãve bar...	...이외에. ...더하여. 게다가.
علت	'elat	원인. 이유.
علف	'alaf	풀. 건초.
علم	'alm	기. 표식.
علم	'elm	과학. 학문. 지식.
علماء	'olamã'	عالم 의 복수. 종교학자.
علوم	'olum	علم 의 복수. 학문. 과학.
دانشکده ی علوم انسانی	dãneshkadeye 'olume ensãni	인문대학.

علی	'ali	알리(인명).
علیا حضرت	'olyã hazrat	폐하(왕비).
علیه	'alaihe	... 반대해서.
عمارت	'emãrat	건물.
عمامه	'emãme	터어번. 터어번식의 모자.
عمداً	'omdatan	주로.
عمده	'omde	주요한.
عمر	'omar	생명. 일생.
عمران	'omrãn	개발. 번영.
عمرخیام	'oamr khaiyãm	오마르 카이염(시인).
عمق	'omq	깊이. 심도.
عمل	'amal	행위. 수술.
عملی	'amali	실행가능한. 실용적인.
عمو	'amu	백부. 숙부.
عموم	omum	대중. 민중.
عمومی	'omumi	일반의. 대중의. 공공의.
عمه	'amme	백모. 숙모.
عنایت	'enãyat	친절. 호의.
عنبر	anbar	용연향.
عنصر	'onsor	요소.
عنقریب	'anqarib	곧. 이내. 가까운 장래에.
عنکبوت	'ankabut	거미.
عنوان	'onvãn	제목. 타이틀.
به عنوان نماینده	be 'onvãne namãyande	대표로서.
عوام	'avãm	대중.
عود	'ud	심향. 우드(현악기명).
عودت	'oudat	귀환. 복귀.
عوض	'avaz	교환. 대체.
عوض کردن	'avaz kardan	교환하다. 바꾸다.
در عوض...	dar 'avaze...	...대신에. ....와 교환해서.
عون	'oun	원조.
عهد	'ahd	약속. 조약. 협정. 맹세.
عهد بستن	'ahd bastan	협정하다. 계약에 묶이다.

عهد نامه	'ahd namãe	조약서.
عهده	'ahde	책임을 맡은 일. 인수.
بر عهده گرفتن	bar 'ahde gerftan	책임을 떠맡다. 떠맡다.
عیار	'e/a/iyãr	기준.
عیب	'eib	결점. 과실.
عیب ندارد	'eib nadãre	괜찮다. 아무상관없다(구어).
عید	'i/ei/d	제(祭). 축제. 축일. 잔치.
عید نوروز	'i/ei/de nouruz	이란의 설명절. (서기력 1월1일에 해당).
عیدی	'i/ei'di	축제선물.
عیسی	'isã	그리스도. 예수.
عین	'ein	눈. 본질.
در عین حال	dar 'eine hãl	동시에.
عینک	'einak	안경.
عینک گذاشتن	'einak gozãshtan	안경을 쓰다.
عینک فروشی	'ienak forushi	안경점.

غ

غار	ghãr	동굴. 굴.
غارت	ghãrat	약탈.
غارتگر	ghãratgar	약탈자.
غاز	ghãz	거위.
غار غار	ghãrghãr	깍깍(까마귀소리).
غافل	ghãfel	소홀한. 무지한.
غافلگیر	ghãfelgir	불시에 닥친. 갑작스러운.
غالباً	ghãleban	빈번히. 자주.
غایب	ghãyeb	결석의. 결석자. 부재자.
غبار	ghobãr	먼지. 모호함.
غذا	ghazã	음식. 식사.
اطاق غذا خوری	otãqe ghazãkhori	식당.
غذای ایرانی	ghazãye irãni	이란요리. 이란음식.
غرب	gharb	서쪽. 서양.
غربت	ghorbat	향수병. 고향에 대한 그리움.
غرض	gharaz	목적. 동기.
غرغره	gharghare	양치질.
غرق	gharq	물에 빠진. 익사한. 침몰.
غرق شدن	gharq shodan	익사하다. 가라앉다.
غروب	ghorub	일몰. 황혼.
غروب کردن	ghorub kardan	해가 지다. 저물다.
غریب	gharib	미지의. 불가사의한.
غریبه	gharibe	이방인. 낯선 사람.
غزل	ghazal	서정시.
غزنوی	ghaznavi	가즈니조(962 – 1186).
غصه	ghosse	슬픔. 비탄.
غصه خوردن	ghosse khordan	슬퍼하다. 비탄에 잠기다.
غضب	ghazab	격노. 격분.
غفلت	gha/e/flat	태만. 부주의. 등한.
غفلت کردن	gha/e/flat kardan	게을리하다. 소홀히하다.
غلتیدن	ghatidan	غلت 어근. 회전하다. 구르다.

غلط	ghalat	틀림. 오류. 착오. 잘못됨.
غلط نامه	ghalat name	정오표.
غلیان = قلیان	ghalyãn = qalyãn	물담배. 수초.
غلیظ	ghaliz	진한. 농후한.
مه غلیظ	meh e ghaliz	짙은 안개.
غم	gham	슬픔. 비애. 애통.
غم خوردن	gham khordan	슬프다. 걱정하다. 속태우다.
غمگین	ghamgin	슬픈. 슬픔에 잠긴.
غنچه	ghonche	싹. 눈.
غنم	ghanam	양. 양의 무리. 양떼.
غنی	ghani	부유한. 충분한.
غنیمت	ghanimat	전리품.
غنیمت شمردن	ghanimat shomordan	이용하다.
غور	ghour	깊이. 바닥.
غوطه خوردن	ghute khordan	물속에 잠기다. 잠기다.
غول	ghul	악귀. 거인.
غیاب	ghiyãb	부재. 결석. 결근.
غیبت	gheibat	험담.
غیر...	gheire...	...이외에. ...과 다른.
غیر از...	gheir az...	...이외에. ...과 다른. ...
غیرت	gheirat	열광. 질투.

ف

فاتحه	fãtehe	코란의 서장. 서문.
فاحش	fãhsh	외설적인
فاحشه	fãhshe	매춘부. 창녀.
فارسى	fãrsi	페르시아어.
فارغ التحصيل	fãreghottahsil	졸업생.
فاسد	fãsed	부패한. 썩은.
فاسد شدن	fãsed shodan	부패하다.
فاش	fãsh	솔직한. 명백한. 공공연히.
فاصله	fãsele	공간. 거리. 간격.
فاكتور	fãktor	영수증. 송장(送狀).
فال	fãl	운세.
فال زدن	fãl zadan	점을 치다.
فالج	fãlej	마비된. 무력한.
فاميل	fãmil	가족.
فانوس	fãnus	제등. 초롱.
فانوس دريائى	fãnus e daryãi	등대.
فايده	fãyede	이익. 유용.
فتح	fath	정복. 승리.
فتحه	fathe	단모음 기호명.
فتنه	fetne	소동. 소란. 반란. 폭동.
فحش	fohsh	욕설. 욕. 악평.
فخر	fakhr	명예. 영광.
فداء	fedã'	희생. 헌신.
فداكار	fedãkãr	헌신적인. 헌신자.
فر	fer	헤어아이론. 회전.
فرا گرفتن	farã gereftan	얻다. 배우다.
فرار	farãr	도망.
فرار كردن	farãr kardan	도망가다.
فراز	farãz	정점.
فراغت	farãghat	휴식. 여가.
فراغت كردن	farãghat kardan	여가를 갖다.

فراق	farāq	별리. 이별.
فراموش	farāmush	망각.
فراموش کردن	farāmush kardan	잊다. 망각하다.
فرانسه	farānse	프랑스. 프랑스어.
فرانسوی	farānsavi	프랑스의. 프랑스인.
فراوان	farāvān	많은. 풍부하게.
فراهم	farāham	준비된. 모인. 이용할 수 있는.
فراهم کردن	farāham kardan	준비하다. 모으다.
فربه	farbe	살찐. 뚱뚱한.
فرح	farah	기쁨. 환희.
فرد	fard	단위. 개인.
فردا	fardā	내일.
فردا شب	fardād shab	내일밤.
فردوسی	ferdosi	훼르도씨(시인).
فرزند	farzand	자식. 자녀.
فرستادن	ferestādan	فرست 어근. 보내다.
فرستنده	ferestande	발신인. 보내는 사람.
فرسنگ	farsang	거리의 단위 약 6키로미터.
فرسودن	farsudan	فرسا 어근. 부식하다. 마멸하다. 사용하여 낡다.
فرش	farsh	양탄자. 융단.
فرشته	fereshte	천사.
فرصت	forsat	기회. 경우.
فرض	farz	가정(假定).
فرض کردن	farz kardan	가정하다. 추정하다.
فرق	farq	구별. 차이. 정수리.
فرق کردن	farq kardan	다르다. 차이가 있다.
فرمان	farmān	명령. 지휘. 지령.
فرمایش	farmāyesh	명령. 주문. 말씀.
فرمودن	farmudan	فرما 어근. 명령하다. 지도하다. 지시하다.
بفرمایید	befarmāyid	계속하십시오. 어서드십시오.

		말씀하십시오. 앉으십시오.
فرنگستان	farangestãn	유럽.
فرنگی	farangi	유럽의. 유럽인.
فرو	foru	밑에. 하부의. 아래쪽의.
فرو بردن	foru bordan	가라앉다. 삼키다. 담그다.
فرو رفتن	foru raftan	박히다. 잠기다. 빠지다.
فرو كردن	foru kardan	질러넣다. 박아넣다.
فرو نشستن	foru neshastan	가라앉다. 조용히 가라앉다.
از...فرو ماندن	az... foru mãndan	...을 할 수 없다.
فروتن	forutan	겸손한. 유순한.
فروختن	forukhtan	فروش 어근. 팔다.
فرود	forud	아래로. 하강.
فرودگاه	forudgãh	공항.
فروردین	farvardin	이란력 1월(서기력 3월 21일 – 4월 20일에 해당).
فروش	forush	매각.
به فروش رسیدن	be forush resid	팔리다.
فروشی	forushi	팔려고 내놓은. 팔기에 적합한.
خانه ی فروشی	khãne ye forushi	팔려고 내놓은 집.
...فروشی	...forushi	... 파는 곳.
كتاب فروشی	ketãb forushi	서점.
فروشگاه	forushgãh	백화점.
فروشنده	forushande	파는 사람. 판매인.
فرهنگ	farhang	문화. 사전.
فرهنگ فارسی	farhane fãrsi	페르시아어사전.
فرهنگستان	farhangestãn	학술원. 협회. 학회.
فرهنگی	farhdngi	문화의.
فریاد	faryãd	외치. 큰소리.
فریاد كردن	faryãd kardan	소리치다. 외치다.
فریاد كشیدن	faryãd keshidan	소리치다. 큰소리로 외치다.
فریب	farib	사기. 기만.
فریب خوردن	farib khordan	속다. 기만당하다.

فریفتن	fariftan	فریب 어근. 속이다. 기만하다.
فریدون	fereidun	훼레이둔(인명).
فساد	fesãd	부패. 타락.
فسفس	fesfes	꾸물꾸물거리는. 우물쭈물하는. 늦어지는.
فشار	feshãr	압력.
فشار دادن	feshãr dãdan	누르다.
فشار خون	feshãre khun	혈압.
فصل	fasl	계절. 장(章).
فصول	fosul	فصل 의 복수.
فصیح	fasih	웅변의. 능란한.
فضاء	fazã'	우주. 공간.
فضایل	fazãyel	فضیلت 의 복수. 덕. 미덕.
فضول	fozul	참견. 참견하는 사람.
فطر	fetr	단식을 중단하기.
عید فطر	'i/'ei/d e fetr	단식종료축제 (이슬람력 10월 1일)
فعال	fa'ãl	활동적인. 정력적인.
فعالیت	fa'ãliyat	행동력. 활동력.
فعل	fe'l	행위.
فعلاً	fe'lan	현재는. 지금은.
فعلی	fe'li	현재의.
فقره	faqare	항목. 조항.
فقط	faqat	단지. ...만. ...뿐.
فقیر	faqir	가난한. 탁발승. 빈곤한.
فکر	fekr	생각. 사고. 의견.
فکر کردن	fekr kardan	생각하다.
به فکر کردن	be fekr kardan	생각하게 하다.
فلان	folãn	모(某). 아무개.
فلز	felez	금속.
فلزی	felezi	금속의.
فلسفه	falsafe	철학.

فلفل	felfel	후추.
فن	fan	기술. 공예.
فنجان	fenjãn	컵. 잔.
فندق	fandoq	개암나무.
فندک	fandak	라이터.
فنی	fanni	기술의. 공예의.
فوت	fout	서거.
فوت کردن	fout kardan	서거하다.
فوتبال	futbãl	축구.
فوراً	fouran	즉시. 곧.
فوری	fouri	긴급한. 즉석의. 서둘러.
فوریه	fevriye	서기력 2월.
فوق	fouq	위. 상부. 위쪽의.
فوق العاده	fouqãl'ãde	예외. 상당히. 매우.
فول	ful	누에콩.
فهرست	fehrest	목차. 목록.
فهماندن	fahmãndan	فهمان 어근. 이해시키다.
فهمانیدن	fahmãnidan	فهمان 어근. 이해시키다.
فهمیدن	fahmidan	فهم 어근. 이해하다. 알다.
فیروزه	firuze	터어키석.
فیزیک	fizik	물리학.
فیض	feiz	축복. 은혜.
فیل = پیل	fil = pil	코끼리.
فیلسوف	filsuf	철학자.
فیلم	film	필름. 영화.
فیلم رنگی	filme rangi	칼라필름.
فیوز	fiyuz	퓨즈

ق

قاب	qãb	액자. 틀.
قابل	qãbel	자격이 있는. ...할 만한.
قابل توجه	qãbele tavajjoh	주목할 만하다.
قابل ملاحظه	qãbele molãheze	주목할 만한.
قابله	qãbele	산파.
قابلیت	qãbeliyat	능력.
قاتل	qãtel	살인자. 암살자.
قاچاق	qãchãq	밀수. 밀수품.
قادر	qãder	할 수 있는. 능력있는.
قارچ	qãrch	버섯.
قاره	qãre	대륙.
قارى	qãri	코란 낭독자.
قاسم	qãsem	남자이름. 공정한.
قاشق	qãshoq	숟가락.
قاضى	qãzi	재판관. 판사.
قاطى = قاتى	qãti = qãti	혼합한. 섞인.
قاعده	qã'ede	규칙.
قالى	qãli	융단. 양탄자.
قالیچه	qãliche	작은 양탄자. 작은 깔개.
قانون	qãnun	법률. 법. 규칙.
قانون اساسى	qãnune asãsi	헌법.
قانون مدنى	qãnune madani	민법.
قایق	qãyeq	보트. 작은 배.
قائل	qã'el	신자. 믿는.
قائم	qã'em	직립의. 똑바로 선. 곧은. 수직의. 살아있는.
قایم	qãyem	숨은. 정확한. 정확한.
قایم شدنک	qãyem shodanak	숨바꼭질.
قائم مقام	qã'em maqãm	후계자. 대리인.
قبال...	qebãle...	...의 정면에. ...의 앞에.
قباله	qabãle	증서.

قبر	qabr	묘. 무덤.
قبرستان	qabrestãn	묘지.
قبض	qabz	청구서. 계산서.
قبض رسید	qabze resid	영수증.
قبل	qabl	전(前). 이전에.
...قبل از	qabl az...	...전에.
قبل از آنکه	qabl az ãnke	...하기 전에.
قبل از اینکه	qabl az inke	...하기 전에.
قبل از ظهر	qabl az zohr	오전.
قبلاً	qablan	미리. 사전에. 먼저. 우선.
قبله	qeble	이슬람교도의 기도방향.
قبول	qabul	수락. 허가. 합격. 용납.
قبول شدن	qabul shodan	합격하다. 승인되다.
قبول کردن	qabul kardan	수락하다. 동의하다.
قبیله	qabile	부족. 종족. 씨족.
قتل	qatl	살해. 암살. 살인.
قحط	qaht	기아. 기근. 가뭄.
قد	qadd	신장. 키.
قدح	qadah	컵. 사발.
قدر	qadr	가치. 분량. ...정도.
به قدری	be qadri	그정도. 그만큼의 분량.
قدرت	qodrat	힘. 권력. 세력.
قدردانی	qadrdãni	감사. 진가를 인정하는 일.
قدغن	qadaghan	금지.
قدم	qadam	발걸음.
قدم زدن	qadam zadan	산책하다. 어슬렁거리다.
قدمت	qedmat	낡음. 오래됨.
قرابت	qarãbat	근접. 가까움. 친족관계.
قرآن	qorãn	코란. 이슬람경전.
قرار	qarãr	안정. 평정. 상태. 결의.
قرار دادن	qarãr dãdan	협정하다. 정하다.
قرار گرفتن	qarãr gereftan	안락하게 하다. 안정되다.
قرار داد	qarãr dãd	협정. 조약. 계약.

قربان	qorbãn	희생자. 희생물. 공물. 제물.
قربان شما	qorbãne shomã	잘 알겠습니다(구어).
قرص	qors	알약.
قرض	qarz	부채. 빚.
قرض دادن	qarz dãdan	빌려주다.
قرضه	qarze	채무. 빌린 돈.
قرعه	qor'e	추첨. 제비. 제비뽑기.
قرمز	qermez	빨간. 적색의.
قرن	qarn	세기.
قرن پنجم	qarne panjom	5세기.
قرون	qorun	قرن 의 복수. 세기.
قریب	qarib	근처의. 약. 대략.
قریباً	qaribãn	곧. 이윽고. 거의. 대략.
قزل آلا	qezel ãlã	송어.
قسط	qest	할부. 부분.
قسم	qasam	선서. 맹서. 서약.
قسم خوردن	qasam khordan	맹세하다. 선서하다.
قسمت	qesmat	부분. 몫. 운명.
قشنگ	qashang	아름다운.
قصابی	qassãbi	정육점.
قصد	qasd	의지. 목적. 의향.
قصر	qasr	성(城). 궁전.
قصه	qesse	이야기. 설화.
قصیده	qaside	송시(頌詩).
قضاء	qazã'	판결. 운명. 우발적인 사건.
قضاوت	qe/a/zãvat	판결. 판단. 재판.
قضیه	qaziye	사건. 공소. 안건. 제안.
قطار	qatãr	기차. 열차.
قطب	qotb	극(極). 축.
قطر	qotr	직경. 지름.
قطره	qatre	물방울. 소량.
قطع	qat'	절단. 삭제. 중단.
قطع شدن	qat' shodan	끊어지다. 절단되다.

قطعی	qat'i	결정적인.
قفسه	qafase	찬장. 벽장. 선반세트.
قفل	qofl	자물쇠.
قفل کردن	qofl kardan	잠그다.
قلاب	qolãb	갈고리. 작살.
قلابدوزی	qolãbduzi	뜨개질.
قلب	qalb	심장. 마음.
از صمیم قلب	az samim e qalb	마음으로부터.
قلباً	qalban	마음에서. 마음으로부터.
قلعه	qal'e	성채. 요새.
قلم	qalam	펜. 붓.
قلمدان	qalamdãn	필통.
قلم کار	qalqmkãr	채색 문양을 찍은 천.
قله	qolle	정상. 산꼭대기.
قلیان	qalyãn	물담배. 수초.
قلیل	qalil	적은. 작은. 거의 없는.
قمار	qomãr	도박.
قمارباز	qomãrbãz	도박꾼. 투기꾼.
قنات	qanãt	지하수로. 가너트.
قنادی	qannãdi	제과. 제과점.
قند	qand	각설탕.
قندیل	qendil	고드름.
قو	qu	백조.
قوت	qovvat	힘. 에너지. 활력.
قورباغه	qurbãghe	개구리. 두꺼비.
قوز	quz	혹. 꼽추가 된. 구부러진.
قوطی	quti	캔. 양철통.
قوطی بازکن	quti bãzkon	깡통따개.
قول	qoul	약속.
قول دادن	qoul dãdan	약속하다.
قوم	qoum	국민. 민족. 종족.
قوه	qovve	힘. 체력. 역량.
قوی	qavi	강한. 튼튼한.

قهر	qahr	불쾌. 쌜쭉거림.
قهرمان	qahrmãn	챔피온. 영웅. 용사. 주인공.
قهوه	qahve	커피.
قهوه ای	qahvei	갈색의. 커피색의.
قی	qei	눈꼽.
قياس	qiyãs	유추. 추론.
قيافه	qiyãfe	인상. 용모. 태도. 모습.
قيامت	qiyãmat	부활. 최후의 심판. 소란.
قيچی	qeichi	가위.
قير	qir	타르. 역청.
قيفی	qeifi	깔대기 모양. 깔대기 모양의.
بستنی قيفی	bastani ye qeifi	콘아이스크림.
قيمت	qeimat	가격.
قيمتی	qeimati	값비싼. 고가의.
قيمه	qeime	잘게 다진 고기로 만든 이란음식.

ک

کاباره	kãbãre	캬바레.
کابینه	kãbine	내각.
کاج	kãj	소나무. 솔.
کاخ	kãkh	궁전.
کار	kãr	일. 용무.
به کار آمدن	be kãr ãmadn	편리하다. 도움이 되다.
به کار بردن	be kãr bordan	적용하다. 사용하다.
به کار بستن	be kãr bastan	실행하다. 적용하다. 쓰다.
کارآموز	kãrãmuz	훈련생. 실습생. 연수생.
کارآموزش	kãrãmuzesh	훈련. 실습. 연수.
کاربرد	kãrbord	이용. 사용. 적용.
کاربن	kãrbon	탄소.
کارت	kãrt	카드.
کارت پستال	kãrte postãl	그림엽서. 엽서.
کارت ویزیت	kãrte visit	명함.
کارخانه	kãrkhãne	공장.
کارد	kãrd	칼.
کارشناس	kãrshenãs	전문가.
کارفرما	kãrfarmã	사용자. 고용주. 명령자.
کارکرد	kãrkard	소득. 생산품. 행위.
کارگاه	kãrgãh	일터. 작업장.
کارگر	kãrgar	노동자.
کارمند	kãrmand	직원. 회사원.
کاروان	kãrvãn	캬라반. 대상(隊商).
کاستن	kãstan	کاه 어근. 줄이다. 감소하다.
کاسه	kãse	사발.
کاش...	kãsh...	...면 좋을텐데.
کاشکه...	kãshke...	...면 좋을텐데.
کاشکی...	kãshki...	...면 좋을텐데.
کاشان	kãshãn	커션(지명).
کاشتن	kãshtan	کار 어근. 경작하다. 뿌리다.

کاشی	kāshi	채색 타일.
کاشی پزی	kāshi pazi	채색 타일 제조.
کاغذ	kāghaz	종이.
کافر	kāfer	이교도. 이단자.
کافی	kāfi	충분한. 족한.
کالا	kālā	상품. 물품.
کالباس	kālbāsi	소세지.
کالج	kālej	단과대학. 칼리지.
کام	kām	목적. 구개. 욕망.
کامپیوتر	kāmpyutar	컴퓨터.
کامل	kāmel	완전한.
کاملاً	kāmelan	완전하게.
کامیاب	kāmyāb	성공한. 번창한.
کامیون	kāmyun	트럭.
کان	kān	광산.
کانال	kānāl	운하.
کاندید	kādid	지원자. 응모자. 신청자.
کانون	kānun	협회. 클럽.
کاه	kāh	짚. 밀짚.
کاهش	kāhesh	감소. 축소.
کاهل	kāhel	나태한. 태만한.
کاهو	kāhu	상추. 양상치.
کباب	kabāb	구운고기. 케밥.
کبریت	kebrit	성냥.
کبوتر	kabutar	비둘기.
کبود	kabud	담청색의.
کبیر	kabir	위대한. 큰.
کت	kot	코트. 상의.
کتاب	ketāb	책.
کتابچه	ketābche	소책자. 팜플렛.
کتاب خانه	ketāb khāne	도서관.
کتابدار	ketābdār	사서.
کتابفروش	ketābforush	서점 주인.

کتابفروشی	ketãbforushi	서점.
کتب	kotob	کتاب 의 복수. 책.
کتبی	katbi	문어의. 필기의.
کتری	ketri	주전자.
کتلت	kotlet	커틀렛.
کتیبه	katibe	비문. 묘비명.
کثافت	kesãfat	더러움. 오물.
کثیف	kasif	더러운. 지저분한.
کج	kaj	구부러진. 기운.
کجا	kojã	어디.
کچل	kachal	대머리의. 머리가 벗겨진.
کدام	kodãm	어느것. 어느쪽.
کدو	kadu	호박.
کدورت	kadurat	불쾌.
کر	kar	귀먹은. 듣지 못하는.
کر	kor	아들. 소년.
کراوات	kerãvãt	넥타이.
کراهت	ka/e/rãhat	혐오. 반감.
کرایه	kerãye	요금. 집세. 사용료.
کرایه کردن	kerãye kardan	임대하다.
کرج	karaj	캬라즈(지명).
کرد	kord	쿠르드족.
کردار	kardãr	행동. 태도.
کردن	kardan	کن 어근. 하다.
کرده	karde	행위. 이루어진. 행해진.
کردی	kordi	쿠르드어. 쿠르드족의.
کرسی	korsi	좌석. 왕좌. 자리.
کرفس	karafs	샐러리.
کرکره	kerkere	셔터. 널판지문. 덧문.
کرم	karam	관용. 아량.
کرم	kerm	벌레.
کرم	kerem	크림.
کره	kore	한국.

کره	kore	천체. 지구. 구.
کره	kare	버터.
کریم	karim	관대한. 아량있는.
کس	kasi	누군가. 사람.
کساد	kasãd	불황. 불경기.
کسالت	kesãlat	가벼운 병. 기분이 언짢은 일. 심신이 편치 않음.
کسالت داشتن	kesãlat dãshtan	기분이 내키지 않다. 몸이 언짢다. 불쾌하다.
کسب	kasb	습득. 사업.
کسب کردن	kasb kardan	습득하다. 사업하다.
کسر	kasr	공제. 할인. 축소. 분수(分數).
کسره	kasre	단모음 기호명.
کش	kesh	고무.
کشاله	keshãle	사타구니.
کشاورز	keshãvarz	농부. 농민.
کشاورزی	keshãvarzi	농업. 재배.
کشت	kesht	경작.
کشتزار	keshtzãr	밭. 경작지.
کشتگان	koshtegãn	살해된 사람들.
کشتن	koshtan	کش 어근. 살인하다. 죽이다.
کشتی	keshti	배(船).
کشتی	koshti	레스링.
کشتیرانی	keshtrãni	항해.
کشتیسازی	keshtsãzi	조선(造船).
کشف	kashf	발견.
کشمش	keshmesh	건포도.
کشو	keshou	서랍.
کشور	keshvar	국가. 나라.
کشیدن	keshidan	کش 어근. 당기다. 그리다.
کفاش	kafãsh	구두제조인.
کفاشی	kafãshi	구두만들기. 양화점.
کفایت	kefãyat	충분. 능력.

کفش	kafsh	구두. 신발.
کفگیر	kafgir	주걱.
کک = کیک	kak = kik	벼룩.
کک مک	kakmak	주근깨.
کل	koll	모두. 전체의.
به کلی	be lolli	완전히. 몽땅.
کلاچ	kelãch	크러치.
کلاس	kelãs	학급. 강의실. 반. 교실.
کلاسیک	kelãsik	고전적인.
کلاغ	kalãgh	까마귀.
کلام	kalãm	말. 이야기. 언어.
کلانتری	kalãntari	경찰서.
کلاه	kolãh	모자.
کلبه	kolbe	오두막.
کلفت	kofat	하녀.
کلفت	koloft	두꺼운. 굵은.
کلم	kalam	양배추.
کلمه	kalame	단어. 어휘.
کلوب	kolub	클럽.
کله	kale	머리. 정상.
کلی	kolli	총체적인. 전체의.
کلید	kelid	열쇠. 단서.
کلیسا	kelisã	교회.
کم	kam	약간있는. 소수의. 조금.
کم شدن	kam shodan	작게 되다. 줄다.
کم و بیش	kam o bish	다소.
کمال	kamãl	완벽. 완성.
با کمال میل	bã kamãle meil	기꺼이.
کمان	kamãn	활.
کمانچه	kamãnche	악기 이름.
کمبود	kambud	부족. 불충분.
کمپانی	kompãni	회사.
کمپوت	kompot	설탕에 절인 과일.

		통조림과일.
کمتر...	kamtar...	거의...없는.
کمد	komod	옷장. 장롱.
کمر	kamar	허리.
کمربند	kamarband	벨트. 허리띠.
کمرنگ	kamrang	색이 엷은.
کمک	komak	도움. 원조. 구조.
کمک کردن	komak kardan	돕다. 원조하다. 구제하다.
کم کم	kam kam	조금씩. 점차.
کمونیست	komunist	공산주의자.
کمی	kami	조금. 부족. 소수.
کمیاب	kamyãb	희귀한. 보기드문.
کمیته	komite	위원회.
کنار	kenãr	측면. 옆에. 곁에.
کنار دریا	kenãre daryã	해변.
کناره گیری	kenãre giri	은퇴. 사임. 격리. 단념.
کنایه	kenãye	은유. 암시. 상징.
کنترل	kotrol	통제. 관리. 감독.
کنج	konj	모퉁이. 한구석.
کند	kond	무딘. 둔한. (시계침이)느린.
کندن	kandan	کن 어근. 파다. 벗기다.
کنسرو	konserv	통조림.
کنسول	konsul	영사.
کنگره	kongre	회의. 의회.
...کننده	...konande	...하는 사람.
کو	ku	어디.
کوبیدن	kubidan	کوب 어근. 빻다. 갈다. 다지다. (못을)박다.
کوتاه	kutãh	짧은. 낮은.
کوچ	kuch	유랑. 이주.
کوچک	kuchek	작은. 어린. 대수롭지 않은.
کوچه	kuche	골목길. 통로.
کود	kud	비료. 거름.

کودک	kudak	유아. 아동. 소아.
کودکستان	kudakestãn	유치원.
کور	kur	눈이먼. 장님의. 보이지않는.
کوره	kure	아궁이. 가마. 대장간.
کوزه	kuze	물병.
کوس	kus	북. 드럼.
کوشش	kushesh	노력.
کوشش کردن	kushesh kardan	노력하다. 애쓰다.
کوشیدن	kushidan	کوش 어근. 노력하다.
کوفتن	kuftan	کوب 어근. 세게 치다.
کوفته	kufte	미트볼.
کوکو	kuku	오믈렛의 일종.
کوله بار	kule bãr	배낭.
کوه	kuh	산.
کوهستان	kuhestãn	산악지대. 고지.
کوه نوردی	kuh navardi	등산.
که	ke	누구. 무엇. ...하는 때. ...하는 것은.
کهن	kohan	오래된. 옛날의.
کهنه	kohne	낡은. 오래된. 소용없게된.
کی	ki	누구.
کی	kei	언제.
کیسه	kise	큰자루. 부대.
کیف	kif	지갑. 가방.
کیفر	keifar	벌. 형벌.
کیفیت	keifiyat	질(質). 상황.
کیک	keik	케익.
کیلو	kilo	kg.
کیلومتر	kilometr	km.
کینه	kine	증오. 원한. 악의.
کیهان	keihãn	세계. 우주.

گاراژ	gãrãzh	차고.
گاز	gãz	가스. 엑셀레이터.
گام	gãm	걸음. 한 걸음. 걷는 모양.
گاو	gãv	소(牛).
گاوزبان	gãvzabãn	약초의 일종.
گاه	gãh	시간. 장소. 때때로.
گاه گاهی	gãhgãhi	때때로.
گاهی	gãhi	때때로. 이따끔.
گچ	gach	분필. 석회.
گدا	ga/e/dã	거지.
گداختن	godãkhtan	گداز 어근. 녹이다.
گذاشتن	gozãshtan	گذار 어근. 놓다. 허락하다.
گذرنامه	gozarnãme	여권.
گذشتن	gozashtan	گذر 어근. 지나다.
گذشته ها گذشته	gozashtehã gozashte	지난 일은 지난 것이다.
گر = اگر	gar = agar	만일. 만약.
گرامی	gerãmi	친애하는. 소중한.
گران	gerãn	비싼. 고가의.
گرانبها	gerãnbahã	값비싼. 비용이 드는.
گرانی	gerãni	고가. 중요성.
گربه	gorbe	고양이.
گرد	gard	먼지. 분말.
گرد	gerd	구형의. 둥근.
گرد	gord	영웅.
گرد...	gerde...	...의 주위에.
گردش	gardesh	산책. 변화. 회전.
گردش کردن	gardesh kardan	걷다. 관광하다. 회전하다.
گردن	gardan	목.
گردن بند	gardanband	목걸이.
گردن کلفت	garden koloft	완강한. 뻔뻔스러운. 강한.
گردو	gerdu	호두.

هر گردی گردو نیست	har gerdi gerdu nist	둥글다고 모두가 호두는 아니다.
گردیدن	gardidan	گرد 어근. 돌다. 산책하다.
گرز	gorz	갈고리가 달린 곤봉.
گرسنگی	gorosnegi	공복. 배고픔.
گرسنه	gorosne	배고픈.
گرفتار	gereftãr	잡힌. 바쁜.
گرفتن	gereftan	گیر 어근. 움켜쥐다. 벗기다. 얻다. 막다. 걸리다.
گرفته	gerfte	목이 쉰. 우울한. 날이 흐린.
گرگ	gorg	늑대. 이리.
گرم	garm	더운. 따뜻한.
گرمابه	garmãbe	목욕. 증기 목욕탕.
گرما سنج	garmãsanj	열량계.
گرمسیر	garmsir	열대지방.
گرمی	garmi	더움. 따뜻함. 열렬.
گروه	goruh	집단. 무리. 그룹.
گره زدن	gere zadan	매듭지다. 묶다.
گریختن	gorikhtan	گریز 어근. 달아나다.
گریه	gerye	울음. 울부짖음. 통곡.
گریه کردن	gerye kardan	울다. 통곡하다. 울부짖다.
گزارش	gozãresh	보고서. 레포트.
گزاف گو	gezãf gu	허풍쟁이.
گزیدن	gazidan	گز 어근. (벌레가)물다. 찌르다.
گزیدن	gozidan	گزین 어근. 선택하다. 뽑다.
گستاخ	gostãkh	경솔한. 버릇없는. 건방진.
گستردن	gostardan	گستر 어근. 펼치다. 펴다.
گسترش	gostaresh	펴기. 유포. 전개. 보급.
گشاد	goshãd	넓은. 헐거운. 넉넉한.
گشاده شدن	goshãd shodan	열리다.
گشتن	gashtan	گرد 어근. 돌다. 회전하다.
گشودن	goshudan	گشا 어근. 열다. 풀다.

گفتگو	goftgu	회담. 대화.
گفتن	goftan	گو 어근. 말하다.
گفته	gofte	말한 것. 말.
گل	gol	꽃. 장미.
گل	gel	진흙.
گلاب	golāb	장미수.
گلابی	golābi	배(梨).
گلدان	goldān	꽃병. 화병.
گلدوزی	golduzi	자수.
گلرنگ	golrang	장미색의. 장미색.
گلستان	golestān	장미원(작품명).
گلو	galu	목구멍. 식도.
گلوله	golule	탄알. 총알.
گله	galle	(짐승의) 무리. 떼.
گلیم	gelim	보풀이 짧고 거친 양탄자.
گم	gom	잃어버린. 행방불멸의.
گم کردن	gom kardan	잃어버리다.
گمان	gomān	의견. 생각. 상상.
گمان کردن	gomān kardan	상상하다. 추측하다. 생각하다. 가정하다.
گمراه	gomrāh	길을 잃은. 정도를 벗어난.
گمراه شدن	gomrāh shodan	길을 잃다. 빗나가다.
گمرک	gomrok	세관.
گناه	gonāh	죄. 죄악.
گنبد	gonbad	돔. 둥근 지붕.
گنج	ganj	재물. 보물.
گنجشک	gonjeshk	참새.
گندم	gandom	밀.
گو = گوی	gu= guy	공. 구(球).
گواهی	govāhi	증명.
گواهی نامه	govāhināme	증명서.
گوجه	gouje	자두. 서양오얏.
گوجه فرنگی	gouje farangi	토마토.

گود	goud	깊은. 심오한.
گودال	goudãl	굴. 저지.
گودی	goudi	깊음.
گور	gur	묘. 무덤.
گورستان	gurestãn	묘지.
گوساله	gusãle	송아지.
گوسفند	gusfand	양(羊).
گوش	gush	귀.
گوش دادن	gush dãdan	듣다. 귀담아듣다.
گوش کردن	gush kardan	듣다. 복종하다.
به گوش کردن	be gush kardan	귀걸이를 하다.
گوشت	gusht	고기.
گوشواره	gushvãre	귀걸이.
گوشه	gushe	모서리. 구석.
گوشی	gushi	수화기. 이어폰.
گول	gul	사기. 허위. 기만.
گول خوردن	gul khordan	사기를 당하다.
گول دادن	gul dãdan	사기치다. 속이다.
گول زدن	gul zadan	속이다.
گوناگون	gulnãgun	다양한. 가지각색의.
گونه	gune	종류. 방법.
این گونه	in gune	이렇게. 이와 같이.
گوهر	gouhar	보석. 요소. 본질.
گویا...	guyã...	마치. ...와 같이.
گویند ...	guyand...	...라 말해지고 있다.
گوینده	guyande	아나운서. 화자(話者).
گهواره	gahvãre	요람.
گیاه	giyãh	식물.
گیتی	giti	세계.
گیج	gij	현기증나는. 비틀거리는.
گیج رفتن	gij raftan	현기증을 느끼다.
گیرنده	girande	수취인. 받은.
گیره	gire	클립. 집게발.

گیشه	gishe	매표소.
گیلاس	gilās	벗나무. 유리컵.
گیوه	give	천으로된 신발.

لا	lã	겹. ..속에. 사이에.
از لای در	az lã ye dar	문 사이로. 문틈을 통해.
لابد	lãbod	반드시. 확실히. 꼭.
لات	lãt	방랑자. 부랑자.
لازم	lãzem	필요한.
لازم داشتن	lãzem dãshtan	필요하다.
لاستیک	lãstik	고무. 타이어.
لاغر	lãghar	마른. 여윈. 수척한.
لاف زدن	lãf zadan	자만하다. 과장하다. 허풍떨다.
لاک پشت	lãk posht	거북이.
لال	lãl	벙어리의.
لا لا	lãlã	자장자장.
لالایی	lã lãyi	자장가.
لاله	lãle	튜울립.
لامپ	lãmp	전구. 램프.
لانه	lãne	보금자리. 둥지.
لایحه	lãyehe	법안.
لایق	lãyeq	가치있는.
لب	lab	입술.
لب...	labe...	...가장자리.
لب دریا	labe daryã	해안.
لباس	lebãs	의복. 옷.
لباس شویی	lebãs shuyi	세탁소.
لبخند	labkhand	미소.
لجوج	lajuj	고집센. 완고한. 억지의.
لحاظ	lehãz	관점. 견지.
از لحاظ...	az lehãze	...관점에서. ...관해서.
لحاف	le/ã/hãf	이불.
لحظه	lahze	순간.
لحن	lahn	멜로디. 음조. 음률.

لخت	lokht	벌거벗은.
لذا	lezã	그러므로. 그래서. 따라서.
لذت	lazzat	즐거움. 기쁨.
لذت بردن	lazzat bordan	즐기다.
لذیذ	laziz	맛좋은. 감미로운.
لرزان	larzãn	진동하는. 떠는.
لرزیدن	larzidan	لرز 어근. 떨리다.
لژ	lozh	특별석.
لسان	lesãn	언어.
لشکر	lashkar	군대.
لطف	lotf	친절. 호의.
لطف کردن	lotf kardan	친절을 베풀다. 호의를 베풀다.
لطفاً	lotfan	친절히. 부디. 제발.
لطیف	latif	우아한. 상냥한. 친절한.
لطیفه	latife	재치. 유머.
لعل	la'l	루비.
لعنت	la'anat	악담. 악의에 찬 저주.
لغت	loghat	단어. 어휘.
لغزش	laghzesh	미끄럼. 발이 걸려 넘어짐.
لغزیدن	laghzidan	لغز 어근. 미끄러지다. 발이 걸려 넘어지다.
لفظ	lafz	단어. 낱말.
لقب	laqab	칭호. 호칭.
لقمه	loqme	한 입의 음식. 소량.
لکه	lake	얼룩. 오점.
لگد	lagad	(발로)차기. 짓밟음.
لمس	lams	촉진.
لنگ	lang	절름거리는. 절뚝거리는.
لنگ	leng	다리.
لنگ	long	(목욕탕용의)허리 두르개.
لنگر	langar	닻.
لنگه	lenge	(쌍중의)한쪽. 반(半).

لوازم	lavāzem	لازم 의 복수. 필수품.
لوبیا	lubiyā	강낭콩.
لوس	lus	응석부리는.
بچه ی لوس	bachche ye lus	응석받이.
لوکس	luks	사치한. 호화판의. 딜럭스.
لوله	lule	관. 호스.
لهجه	lahje	방언. 억양.
لیتر	litr	리터.
لیسانس	lisāns	학사학위.
لیسیدن	lisidan	لیس 어근. 핥다.
لیکن	likan	그러나.
لیمو	limu	레몬.
لیوان	livān	유리컵. 글라스.

م

ما	mã	우리.
ماتم	mãtam	상을 입음. 상(喪).
مأخذ	ma'khaz	기초. 근원.
مأخوذ	ma'khuz	...에서 인용한. ...에서 유래된. ...에서 파생된.
مادر	mãdar	어머니.
ماده	mãde	암컷.
ماده	mãdde	물질. 재료.
مار	mãr	뱀.
مارس	mars	서리력 3월.
ماست	mãst	요구루트.
ماشاءﷲ	mãshã'allãh	잘됐다. 신이 지켜주시기를.
ماشین	mãshin	기계. 자동차.
ماشین آلات	mãshin ãlãt	기계류.
ماشین تحریر	mãshin tahrir	타자기.
ماشین نویس	mãshin nevis	타이피스트. 타자수.
مال	mãl	소유물. 재산. 부.
مال من	mãle man	나의 것.
مالک	mãlek	소유자. 지주.
مالیات	mãliyãt	세금.
مالیدن	mãlidan	مال 어근. 문지르다.
مأمور	ma'mur	임명된. 공무원. 관리.
مأمور شدن	ma'mur shodan	임명되다.
مأموریت	ma'muriyat	임무. 파견.
ماندن	mãndan	مان 어근. 남다. 체류하다.
مانستن	mãnestan	مان 어근. 닮다.
مانع	mãne'	장해. 방해.
مانند...	mãnande...	...처럼. ...같이.
ماه	mãh	달. 월(月). 개월.
این ماه	in mãh	이번달. 금월(今月).
هر ماه	har mãh	매월. 매달.

ماه آینده	mãh e ãyande	다음달. 내월(來月).
ماه پیش	mãh e pish	전월(前月). 전달.
ماه دیگر	mãh e digar	내달. 다음달.
ماه گذشته	mãh e gozashte	지난 달.
ماهتاب	mãhtãb	달빛. 월광(月光).
ماهر	mãher	숙달된. 노련한. 숙련된.
ماهی	mãhi	매달의. 한 달의.
ماهی	mãhi	물고기. 생선.
ماهیانه	mãhiyãne	월 1회의. 매월의.
ماهی فروش	mãhi forush	생선장수.
ماهی گیر	mãhi gir	어부.
ماهی گیری	mãhi giri	어업. 수산업.
مایل	mãyel	바라는. 하고 싶은.
مأیوس	ma'yus	절망한. 낙담한.
مایه	mãye	원천.
مباحثه	mobãhese	토론. 논의. 논쟁.
مبادا	mabãdã	...하지 않도록.
مبادله	mabãdele	교환. 교역.
مبارزه	mobãreze	싸움. 논쟁. 캠페인.
مبارک	mobãrak	축복받은. 경사스러운.
مباشرت	mobãsharat	감독. 관리.
مبالغه	mobãleghe	과장. 과대평가. 확대.
مبتلا	mobtalã	병에 걸린.
مبل	mobl	가구.
مبلغ	mablagh	총액. 합계.
مبنی بر...	mabni bar...	...에 기초해서.
متأسف	mota'assef	유감스러운.
متأسفانه	mota'ssefãne	유감스럽게. 공교롭게도.
متأهل	mota'hhel	결혼한. 기혼의.
متحد	mottahed	합병한. 연합한.
ایالات متحده امریکا	eyãlãte mottahedeye amrikã	미합중국.
متخصص	motakhasses	전문의. 전문가.
متخلف	motakhallef	위반자. 반칙자. 위반하는.

متر	metr	미터.
مترادف	moterãdef	동의어. 비슷한 말.
مترجم	motarjem	통역. 통역사.
مترو	metro	지하철. 메트로.
متشکر	motashakker	감사하는. 고맙게 생각하는.
متشکر بودن	motashakker budan	감사하다.
متصل	mottasel	연결된. 결합한. 묶여진.
متصل بودن	mottasel budan	결합하다. 접합하다.
متفرقه	motafarreqe	잡다한. 잡동사니의.
متکا	mottakã	베개. 받침.
متکبر	motakabber	건방진. 오만한.
متمایل	motamãyel	기울어지는.
متن	matn	본문. 텍스트.
متناسب	motanãseb	균형이 잡힌. 비례하는.
متنفر	motanaffer	몹시 싫어하는.
متفرق	motafarreq	흩어진. 분산된. 해체된.
متمم	motammem	추가의. 부록. 부칙.
متنفر	motanaffer	몹시 싫어하는. 증오하는.
متواضع	motavãze'	겸손한. 겸허한.
متوجه	motavajjeh	주의깊은.
متوجه شدن	motavajjeh shodan	이해하다.
متوسط	motavasset	중간의. 평균의. 평균.
بطور متوسط	betour e motavasset	평균적으로. 보통.
طبقه ی متوسط	tabaqe ye motavasset	중산층.
متولد شدن	motavasset shodan	태어나다.
مثال	mesãl	예(例).
مثبت	mosbat	긍정적인. 플러스의.
علامت مثبت	'alãmat e mosbat	플러스(+)기호.
مثل	masal	격언. 금언.
مثل...	mesle...	...같은. ...유사한.
مثل اینکه...	mesle inke...	마치....같다. 흡사...같다.
مثلاً	masalan	예를들면.
مثنوی	masnavi	서사시.

مجاز	mojãz	허가된. 공인된.
مجال	majãl	기회.
مجانى	majãni	무료의. 거저의.
مجبور	majubur	강제적인. 의무가 있는.
مجبور بودن	majubur budan	…을 해야만 한다.
مجدداً	mojaddadan	재차. 다시한번.
مجرد	mojarrad	독신의. 미혼의.
مجسم	mojassam	유형의. 의인화한.
مجسمه	mojassame	조각. 동상.
مجلس	majles	의회. 회의. 회합.
مجلس سنا	majlese senã	상원의회.
مجلس شوراى ملى	majlese shourãye melli	하원의회.
مجله	majalle	잡지.
مجموعه	majmu'e	수집물. 선집.
مچ	moch	손목.
محال	mohãl	불가능한.
محبت	mohabat	사랑. 애정.
محتاج	mohtãj	가난한.
محترم	mohtaram	존경할만한.
محدود	mahdud	제한된. 한정된.
محرک	moharrek	동기.
محرم	moharram	이슬람력 1월. 모하람월(月).
محروم	mahrum	빼앗긴. 상실한.
محسوب	mahsub	계산된. 고려된.
محصل	mohssel	학생.
محصول	mahsul	산물. 생산.
محصولات	mahsulãt	제품.
محض	mahz	단순한.
بمحض اينکه	bemahz inke	…을 위하여. 하자마자.
محفوظ	mahfuz	보존된.
محقق	mohaqqeq	연구자.
محکم	mohkam	확고한. 강한. 견고한.
محل	mahal	장소. 현장.

محمد	mohammad	무함마드(예언자).
محمود	Mahmud	마흐무드(인명).
محنت	mehnat	노고.
محو	mahv	폐지. 소멸.
محیط	mohit	환경.
مخابره	mokhābere	송신. 통신.
مخارج	mokhārej	비용. 경비.
مخالف	mokhālef	반대의.
مخالف بودن	mokhālef budan	반대하다.
مخلفت	mokhālefat	반대.
مخترع	mokhtare'	발명자.
مختصر	mokhtasar	간략한. 요약해서.
مختلف	mokhtalef	다양한. 여러가지의.
مخصوص	makhsus	특별한. 고유의. 전용의.
مخصوصاً	makhsusan	특히. 특별하게.
مخلوط	makhlut	혼합된. 혼합물.
مخلوق	makhluq	창조된. 창조물.
مخمل	makhmal	벨벳. 우단.
مد	mod	유행. 유행의.
مداد	medād	연필.
مدارک	madārak	مدرک 의 복수. 문서. 서류.
مدافع	modāfe'	보호하는. 방해하는. 방해자.
مداوم	modāvem	계속되는. 연속되는.
مدت	moddat	기간. 시간. 경과.
مدت مدیدی	moddate madidi	장기간.
مدتی	moddati	잠시.
مدح	madh	칭찬. 칭송.
مدرسه	madrese	학교.
مدرسه ی شبانه	madreseye nezāmiye	야간학교.
مدرک	madrak	문서. 서류.
مدرن	modern	현대의. 근대적인. 최신의.
مدفون	madfun	매장된. 묻힌.
مدفون بودن	madfun budan	매장되다. .

مدل	model	모델. 모형.
مدنى	madani	민사의. 시만의.
مديترانه	mediterãne	지중해.
مديد	madid	긴. 장황한.
مدير	modir	지배인. 장(長). 교장선생님.
مذاكرات	mozãkerãt	مذاكره 의 복수. 회담. 협상.
مذكور	mazkur	언급된. 이미 말한.
مذمت	mazammat	비난. 책망.
مذهب	mazhab	종교.
مذهبى	mazhabi	종교의. 종교적인.
مرا	marã	من را 나를. 나에게.
مراجعت	morãje'at	귀환. 돌아옴.
مراجعه	morãje'e	참조. 상담. 조회.
مراجعه كردن	morãje'e kardan	참조하다. 상담하다.
مراحم	marãhem	مرحمت 의 복수. 친절. 호의.
مراد	morãd	바람. 의도. 목적.
مراسم	marãsem	مرسوم 의 복수. 의례. 의식.
مراقبت	morãqebat	경계. 감시.
مراكز	marãkez	مركز 의 복수. 중심.
مراكش	marãkesh	모로코(지명).
مربا	morabbã	잼. 설탕절임.
مربوط	marbut	관련된. 관계한.
مربوط بودن	marbut budan	연관되다. 관계하다.
مرتب	morattab	규칙적인.
مرتب كردن	morattab kardan	정리하다. 정돈하다.
مرتباً	morattaban	규칙적으로.
مرتبه	marta/e/be	...회. 횟수. 도(度).
مرجان	marjãn	산호.
مرجح	morajjah	우선되는. 선호되는.
مرحمت	marhamat	호의. 친절.
مرحمت كردن	marhamat kardan	친절하다. 호의를 베풀다.
مرحوم	marhum	죽은. 사망한. 고인.
مرخص	morakhkhas	자유로운. 해방된. 풀린.

مرخص شدن	morakhkhas shodan	퇴거하다. 실례하다.
مرخصی	morakhkhasi	휴가. 쉼.
مرد	mard	남자. 사람.
مرداد	mordād	이란력 5월(서기력 7월 23일 – 8월 22일에 해당).
مردانه	mardāne	남자다운. 남성의.
مردک	mardak	비열한 남자. 야비한 남자.
مردم	mardom	국민. 사람들. 군중.
مردم شناس	mardomshenās	인류학.
مردن	mordan	مير 어근. 죽다.
مرده	morde	죽은. 사자(死者).
مرز	marz	경계. 국경.
مرسی	mersi	감사합니다. 고맙습니다.
مرشد	morshed	정신적 지도자.
مرض	maraz	병. 질병.
مرطوب	martub	습기있는. 축축한.
مرغ	margh	목초지. 풀밭.
مرغ	morgh	닭. 새. 암탉.
مرغوب	marghub	질이 좋은.
مرفه	moraffah	평온한. 부유한. 복지의.
مرقوم فرمودن	marqum farmudan	쓰시다. 기록하시다.
مرکب	morakkab	잉크.
مرکبات	morakkabāt	합성어. 합성물.
مرکز	markaz	중심. 센터. 중추.
مرکزی	markazi	중앙의. 중심의.
مرگ	marg	죽음. 사망.
مرمر	marmar	대리석.
مروارید	morvārid	진주.
مریض	mariz	환자. 아픈. 병든.
مریض شدن	mariz shodan	병들다.
مریم	maryam	마리아.
مزاج	mezāj	건강상태. 기질.
مزاحم شدن	mozāhem shodan	성가시다. 폐가 되다.

مزایا	mazãyã	مزیت 의 복수. 이권. 특혜.
مزبور	mazbur	상기의. 앞서 말한.
مزخرف	mozakhraf	멍청한. 불합리한.
مزخرف گفتن	mozakhraf goftan	터무니없는 말을 하다.
مزد	mozd	임금. 보상. 대가.
مزمن	mozmen	고질의. 만성의.
مرض مزمن	maraz e mozmen	고질병.
مزه	maze	맛.
با مزه	bã maze	맛있는. 매력있는.
بد مزه	bad maze	맛없는.
خوش مزه	khosh maze	맛이 좋은. 맛있는.
مژده	mozhde	좋은 소식. 희소식.
مژه	mozhe	속눈썹.
مس	mes	구리. 동(銅).
مسابقه	mosãbeqe	경쟁. 겨루기. 시합.
مسابقه گذاشتن	mosãbeqe gozãshtan	경쟁하다. 시합하다.
مساعدت	mosã'edat	원조. 조력. 협력.
مسافر	mosãfer	여행자. 승객. 여객.
مسافر بری	mosãfer bari	여객수송.
مسافرت	mosãferat	여행.
مسافرخانه	mosãfer khãne	여관. 여인숙.
مساوی	mosãvi	서로 같은. 마찬가지의.
مسایل	masãyel	مسئله 의 복수. 문제.
مست	mast	술취한.
مست شدن	mast shodan	취하다.
مستحق	mostaheq	받을 가치가 있는. 가난한.
مستراح	mostarãh	화장실. 변소.
مستقر	mostaqer	설정된. 정해진.
مستقل	mostaqel	독립의. 자력한. 독립한.
مستقیم	mostaqim	똑바른. 곧장. 솔직한.
مستقیماً	mostaqiman	똑바로.
مستمع	mostame'	청취자.
مستمع آزاد	mostame' ãzãd	청강생.

مستمند	mostamand	곤궁한. 불쌍한.
مستی	masti	취한 상태.
مسجد	masjed	모스크. 이슬람사원.
مسجد جامع	masjede jāme'	대사원.
مسخره	maskhare	광대. 익살꾼. 조소.
مسرت	masarrat	기쁜. 환희. 기쁨.
مسکن	masken	주거. 주택.
مسکن	mosakken	진통제.
مسلح	mosallah	무장한.
مسلسل	mosalsal	기관총.
مسلم	mosallam	확신하는. 틀림없는. 뚜렷한.
مسلم	moslem	이슬람교도.
مسلماً	mosallman	확실히. 틀림없이.
مسلمان	moslemān	이슬람교 신자. 이슬람교도.
مسموم	maṣumum	유독한. 중독된.
مسن	mosen	나이를 먹은. 늙은.
مسواک	mesvāk	치솔.
مسواک زدن	mesvāk zadan	양치질 하다.
مسیح	masih	구세주. 그리스도. 메시아.
مسیحی	masihi	기독교도.
مسئول	mas'ul	책임자. 책임있는.
مسئولیت	mas'uliyat	책임. 책임이 있음.
مشابه	moshābe	유사한. 닮은. 같은 종류의.
مشاور	moshāver	상담자. 참사관.
مشاهده	moshāhede	관찰.
مشت	mosht	주먹. 한움큼.
مشتاق	moshtāq	열망하는. 열정적인.
مشترک	moshtarak	공통의. 합동의.
مشترک	moshtarek	구독자.
مشتری	moshtari	손님.
مشتمل...	moshtamele...	...으로 구성된. ...이루어진.
مشخص	moshakhkhas	현저한. 분명한. 뚜렷한.
مشخصات	moshakhkhasāt	명세서.

مشرق	mashreq	동. 동양. 동쪽.
مشروب	mashrub	주류.
مشروطه	mashrute	헌법의. 입헌의.
مشروطیت	mashrutiyat	헌법. 입헌정치. 입헌체제.
مشغول	mashghul	몰두한. 바쁜. 사용중인.
مشغول بودن	mashghul budan	바쁘다. 종사하다.
مشغولیت	mashghuliyat	일. 오락.
مشق	mashq	연습. 습자.
مشک	meshk	사향(麝香).
مشکل	moshkel	어려운. 곤란한 문제.
مشکلات	moshkelāt	مشکل 의 복수. 어려운 문제.
مشکی	meshki	검은. 사향색의. 검은색의.
مشورت	mashvarat	의논. 논의. 협의.
مشورت کردن	mashvarat kardan	상담하다. 협의하다.
مشهد	mashhad	마쉬하드(지명).
مشهور	mashhur	유명한. 이름있는.
مشهور بودن	mashhur budan	유명하다. 이름있다.
مصاحبت	mosāhebat	교제. 사교.
مصاحبت کردن	mosāhebat kardan	교제하다. 사귀다.
مصاحبه	mosāhebe	인터뷰.
مصالح	masāleh	이익. 재료. 자재.
مصر	mesr	이집트.
مصرف	masraf	소비. 사용. 소모.
مصلحت	maslahat	획책. 정책. 방침.
مصلی = مصلا	mosallā	명절 때의 집단예배 광장.
مصنوعی	masunu'i	인공의.
مصونیت	masuniyat	면역.
مصیبت	mosibat	불행. 재난.
مضطرب	moztareb	혼란한. 난처한. 동요된.
مضمون	mazmun	내용. 주제. 보증된.
مطابق...	motābeqe...	...에 의하면. ...에 따라.
مطالبه	motālebe	청구. 요구.
مطالعه	motāle'e	면학. 연구. 공부.

مطالعه کردن	motāle'e kardan	연구하다. 공부하다.
اطاق مطالعه	otāqe motāle'e	공부방. 서재.
به مطالعه پرداختن	be motāle'e pardākhtan	공부를 시작하다. 면학하다.
مطبوع	matbu'	인쇄된. 인쇄물. 유쾌한.
مطبوع بودن	matbu' budan	인쇄되어 있다. 바람직하다.
مطبوعات	matbu'āt	مطبوع 의 복수. 인쇄물.
مطلب	matlab	주제.
مطلع	mottale'	정통한. 잘알고 있는.
مطلق	matlaq	절대의. 무조건의.
مطلوب	matlub	바람직한. 이상적인.
مطمئن	motma'en	확신한. 틀림없는.
مطیع	moti'	순종하는. 다루기 쉬운.
مظلوم	mazulum	억압받는. 학대받는.
معاشرت	mo'āsherat	교제.
معاشرت کردن	mo'āsherat kardan	교제하다.
معاصر	mo'āser	동시대의. 당대의.
معاف	mo'āf	면제된.
معالجه	mo'āleje	진찰.
معالجه کردن	mo'āleje kardan	진찰하다.
معامله	mo'āmele	거래.
معامله کردن	moāmele kardan	장사하다. 사업하다. 거래하다.
معاون	mo'āven	보좌. 부(副).
معاون وزیر	mo'āvene vazir	차관.
معاهده	mo'āhede	조약. 협약. 협정.
معاینه	mo'āyene	검사. 조사.
معاینه کردن	mo'āyene kardan	조사하다. 검사하다.
معبد	ma'abad	신전. 사원.
معتبر	mo'tabar	신뢰할 만한. 타당한.
معتقد	mo'taqed	신앙심있는. 신자.
معتمد	mo'tamad	믿을수 있는 사람.
معتنابه	mo'tanābe	조심해야할. 상당한.
معدن	ma'dan	광산.

معذرت	ma'zerat	사죄. 변명. 용서.
معذرت خواستن	ma'zerat khãstan	용서를 구하다.
معذرت می خواهم	ma'zerat mikhãham	미안합니다.
معرفی	mo'rrefi	소개.
معرفی کردن	mo'rrefi kardan	소개하다.
معرفی نامه	mo'rrefi name	소개장.
معروف	ma'ruf	유명한. 평판이 좋은. 소문난.
معروف بودن	ma'ruf budan	유명하다.
معزول	ma'zul	해임된. 폐위된.
معشوق	ma'shuq	연인(남자).
معشوقه	ma'shuqe	연인(여자).
معصوم	ma'sum	청순한. 순결한. 죄가 없는.
معطر	mo'attar	향기로운. 향이 좋은.
معطل	mo'attal	기다리게 하는.
معطل شدن	mo'attal shodan	기다리게 되다. 꼼짝못하게 되다. 못떠나게 붙들리다.
معقول	ma'qul	합리적인. 이성적인.
معلم	mo'allem	선생.
معلم سرخانه	mo'alleme sarkhãne	가정교사.
معلوم	ma'lum	명확한. 알려진. 분명한.
معما	mo'ammã	수수께끼.
معماری	me'mãri	건축.
معمول	ma'mul	보통의.
معمولاً	ma'mulan	일반적으로. 대개. 보통.
معنی	ma'ni	의미.
معین	mo'ayyan	확정된. 규정된.
معیوب	ma'yub	결함이 있는. 불완전한.
مغ	mogh	배화교도.
مغازه	maghãze	상점. 가게.
مغازه دار	maghãzedãr	상점주인.
مغرب	maghreb	서. 북아프리카 지역.
مغرور	maghrur	오만한. 건방진.

مغز	maghz	뇌. 알갱이.
مغلوب	maghlub	정복된. 패배한.
مفاخر	mafãkher	مفخرت 의 복수. 영예. 영광.
مفت	moft	무료의.
مفصل	mofassal	상세한. 호화로운.
مفید	mofid	유용한.
مقابل...	moqãbele...	..마주 서 있는.
در مقابل...	dar moqãbele...	...향하고. ...에 대해서.
مقام	maqãm	지위. 등급.
مقاومت	moqãvemat	저항.
مقایسه	moqãyese	비교.
مقبول	maqbul	수리된. 받아들여진.
مقتول	maqtul	피살된. 살해된.
مقتول گردیدن	maqtul gardidan	살해되다.
مقدار	meqdãr	량. 분량. 가치.
مقداری	meqdãri	분량상의. 얼마간의.
مقدس	moqaddas	신성한. 성스러운.
مقدمات	moqaddamãt	초보. 기초.
مقدماتی	moqaddamãti	초보의. 준비의. 예비의.
مقدمه	moqadame	서문. 머리말.
مقر	moqarr	거주.
مقرر	moqrrar	정해진.
مقصود	maqsud	목적. 의도.
مقیم	moqim	정주한. 거주인.
مکالمه	mokãleme	회화.
مکان	makãn	장소.
مکانیزه کردن	mekãnize kardan	기계화하다.
مکانیک	mekãnik	기계학. 역학.
مکتب	maktab	서당. 옛날식 학교.
مکرر	mokarrar	반복하는. 되풀이하는.
مکه	makke	메카(지명).
مگر	magar	만약...아니라면. 아마. 설마. ...을 제외하고.

مگس	magas	파리(곤충).
ملا	mollã	신학자. 스승. 학자.
ملاحظه	molãhaze	관찰. 주목. 고려.
ملاحظه کردن	molãhaze kardan	숙고하다. 고려하다.
ملافه	malãfe	침대시트. 덮개.
ملاقات	molãqãt	만남. 회견. 면회.
ملایم	molãyem	온순한. 온화한. 부드러운.
ملت	mellat	국가. 국민.
ملتفت	moltafet	알아차린. 이해하는.
ملخص	molakhkhas	개요. 요약.
ملس	malas	떫은.
ملک	malek	왕.
ملک	melk	부동산.
ملکه	maleke	여왕. 왕후.
ملل	melal	ملت 의 복수. 국가.
ملی	melli	국가의. 대중의. 사립의.
ملی کردن	melli kardan	국유화하다.
ملیت	melliyat	국적. 민족.
ملیون	melyun	100만.
ملیونم	melyunom	제 100만의. 100만번째.
ممالک	mamãlek	مملکت 의 복수. 나라. 국가.
ممتاز	momtãz	현저한. 우수한.
ممتحن	momtahen	시험관. 검사관.
ممکن	momken	가능한.
ممکن بودن	momken budan	가능하다.
مملکت	mamlakat	국가. 나라.
ممنوع	mamnu'	금지된.
ممنون	mamnun	감사의. 감사하는.
ممنون بودن	mamnun budan	감사하다.
من	man	나.
منابع	manãbe	منبع 의 복수. 기원. 원천.
مناسب	monãseb	적당한.
مناسب بودن	monãseb budan	적절하다. 적당하다.

منـاسبت	monãsebat	적절. 어울림.
مناقشه	monãqeshe	논쟁. 토론. 말다툼.
منبر	manbar	설교단.
منبع	manba'	원천. 기원.
منت	mennat	호의. 의무.
منتخب	montakhab	선택한. 뽑은.
منتشر کردن	montasher kardan	출판하다. 발행하다.
منتظر	montazer	기다리는. 기대되는.
منتظر کردن	montazer kardan	기다리다.
منتقل	montaqel	이동한. 옮긴.
منتها	montahã	그렇지만. 최대한. 가능한한.
منجم	monajjem	점성가. 천문학자.
منجمد	monjamed	냉동된.
منزل	manzel	집. 가정.
منزل کردن	manzel kardan	숙박하다.
منزلت	manzelat	지위. 신분.
منسوخ	mansukh	폐지된. 취소된.
منشی	monshi	비서.
منصرف شدن	monsaref shodan	생각이 바뀌다.
منصوب	mansub	임명된. 세워진. 건립된.
منطق	manteq	논리. 합리성.
منطقه	mantaqe	지대. 영역. 지구.
منظر	manzar	외견. 모습. 광경.
منظره	manzare	경치. 풍경.
منظم	monazzam	질서정연한. 규칙적으로.
منظم کردن	monazzam kardan	질서있게 하다. 조직화하다.
منظور	manzur	의도. 목적.
منعکس	mon'akes	반영된. 반사의.
منفجر	monfajer	폭발. 폭발된.
منوچهر	manuchehr	마누체흐르(인명).
منیژه	manizhe	마니제(인명).
مو	mu	머리카락. 털.
مواد	mavãd	물질.

مواد خام	mavãde khãm	원료.
موارد...	mavãrede...	مورد 의 복수. ...관해서.
مواشی	mavãshi	ماشیه 의 복수. 가축.
مواظب	movãzeb	주의깊은. 주도면밀한.
مواظب باش	movãzeb bash	조심해(구어).
مواظب بودن	movãzeb budan	주의하다.
موافق	movãfeq	동의의. 찬성하는. 일치한.
موافق...	movãfeqe...	...에 따라. ...에 의해.
موافقت	movãfeqat	승락. 동의. 찬성.
موافقت کردن	movãfeqat kardan	동의하다. 승인하다.
موبد	moubad	배화교사제.
موتور	motor	엔진. 발동기.
مؤثر	mo'asser	영향을 끼치는. 유효한.
موج	mouj	파도. 파동.
موجب	mujeb	원인. 동기. 원인이 된.
موجود	moujud	존재하는. 존재물.
مؤذن	mo'azzen	이슬람성전에서 예배시간을 알리는 사람.
مورچه	murche	개미.
مورخ	movarrakh	날짜가 있는.
مورخ	movarrekh	역사가. 연대학자.
مورد	moured	경우. 실례.
مورد...	mourede...	...에 의해.
مورد... قرار دادن	mourede...qarãr dãdan	...의 중이다. ...이 대상이 되다.
موز	mouz	바나나.
موزه	muze	박물관.
مؤسس	mo'asses	창립자. 설립자.
مؤسسه	mo'assese	기관. 연구소. 단체.
موسیقی	musiqi	음악.
موسیو	mosyu	미스터(Mr.).
موش	mush	쥐.
موشک	mushak	로케트. 미사일.

موضوع	mouzu'	주제. 화제. 문제. 대상.
موعد	mou'ed	기한. 기일.
موفق	movaffaq	성공한. 번영하는. 순조로운.
موفق شدن	movaffaq shodan	성공하다. 번영하다.
موفقیت	movafaqiyat	성공. 번창. 번영.
موقت	movaqqat	일시적인. 임시의.
موقع	mouqe'	기회. 때.
موقعی که...	mouqe'I ke...	...하는 때.
بی موقع	bi mouqe'	시기가 나쁜. 때아닌.
مؤلف	mo'allef	편집자.
مولانا	moulãnã	루미(시인). 우리의 스승.
موم	mum	왁스. 밀랍.
مه	me	서기력 5월.
مه	meh	안개.
مهاجرت	mohãjerat	이주. 이민.
مهاجرت کردن	mohãjerat kardan	이주시키다. 이민시키다.
مهارت	mahãrat	숙달. 노련.
مهارت داشتن	mahãrat dãshtan	숙달되다. 노련하다.
مهر	mahr	신부에게 지불하는 혼인자금.
مهر	mehr	이란력 7월(서기력 9월 23일 – 10월 22일에 해당).
مهر	mohr	인장. 날인.
مهرآباد	mehrãbãd	메흐라버드 공항명.
مهربان	mehrbãn	친절한. 다정한.
مهربانی	mehrbãni	친절. 다정.
مهم	mohemm	중요한.
مهمان	mehmãn	손님.
مهمانخانه	mehmãnkhãne	여관. 여인숙.
مهمانی	mehmãni	파티. 연회. 모임.
مهندس	mohandes	기사. 엔지니어.
می	mei	와인. 포도주.
میان	miyãn	중앙. 중앙의. 가운데.

در میان...	dar miyāne...	...중간에. ....가운데에.
...در میان	...dar miyān	..걸러. ....건너.
میانجی	miyānji	조정자. 중재자.
میانه	miyāne	중간. 관계.
میخ	mikh	못.
میدان	meidān	광장.
میدان جنگ	meidāne jang	전쟁터.
میراث	mirās	상속. 유산.
میز	miz	책상. 탁자.
میزان	mizān	표준. 기준.
میزبان	mizbān	호스트. 주인.
میسر	moyassar	가능한. 쉬운.
میگو	meigu	새우.
میل	meil	욕구. 성향. 갈망.
میل داشتن	meil dāshtan	원하다. 욕구를 가지고 있다.
میل کردن	meil dāshtan	드시다. 잡수시다.
میل	mil	금속이나 나무로 된 막대. 봉(棒). 뜨개바늘.
میلاد	milād	탄생. 예수의 탄생.
میلادی	milady	서력기원의.
میلیارد	milyārd	10억.
میلیاردم	milyārdom	제 10억의. 10억번째.
میمون	meimun	원숭이.
مینا	minā	에나멜. 유약칠한 제품.
مینو	minu	천국. 낙원.
میوه	mive	과일. 열매.
میهن	mihan	조국.

ن

نا	nã	힘. 기력.
نا آرام	nãārãm	불안정한. 평정을 잃은.
نا امید	nãomid	실망한. 자포자기한. 절망한.
نابغه	nãbeghe	천재.
نابود	nãbud	존재하지 않는. 소멸한.
ناپایدار = ناپدید	nãpãydãr	불안정한. 사라진.
ناپخته	nãpokhte	익지않은. 가공하지 않은.
ناپدری	nãpedari	계부.
ناپدید	nãpadid	보이지 않는. 사라진.
ناتوان	nãtavãn	약한. 할 수 없는. 무력한.
ناچیز	nãchiz	무가치한. 보잘것 없는.
ناحق	nãhaqq	부정의. 정당하지 못한.
ناحیه	nãhiye	지역.
ناخدا	nãkhodã	선장. 무신론자.
ناخن	nãkhon	손톱. 발톱.
ناخوش	nãkhosh	병든. 아픈. 불쾌한.
ناخوش بودن	nãkhosh budan	기분나쁘다.
نادان	nãdãn	무지한. 우둔한 사람.
نادر	nãder	드문. 희귀한.
نادم	nãdem	후회하고 있는. 유감스런.
ناراحت	nãrãhat	불편한. 불안한. 언짢은.
نارنج	nãrenj	오렌지.
نارنگ	nãrang	오렌지. 귤.
ناز	nãz	교태. 젠채함.
نازک	nãzok	얇은. 부드러운. 고운.
نازل	nãzel	낮은.
نازنازی	nãznãzi	응석받이로 자란.
نازنین	nãzanin	귀여운. 사랑스러운.
ناشر	nãsher	출판인. 발행자.
ناشی	nãshi	미숙한. 서투른.
ناف	nãf	배꼽.

ناقص	nãqes	불완전한. 미완성의.
ناكس	nãkas	저속한. 비천한.
ناگزیر	nãgozir	피할 수 없는. 필연적으로.
ناگوار	nãgovãr	불쾌한. 참을 수 없는.
ناگهان	nãgahãn	갑자기. 돌연이.
ناله	nãle	비탄. 불평.
نالیدن	nãlidan	نال 어근. 신음소리를 내다. 끙끙거리다. 불평하다.
نام	nãm	이름.
نام گذاشتن	nãm gozãshtan	이름을 붙이다. 이름짓다.
نامادری	nãmãdari	계모.
نامدار	nãmdãr	유명한.
نامزد	nãmzad	약혼자. 약혼한.
نامزد كردن	nãmzad kardan	약혼하다.
نامه	nãme	편지. 서장.
نامه ى هوایی	name ye havãyi	항공우편.
نامى	name	유명한.
نامیدن	nãmidan	نام 어근. 명명하다.
نان	nãn	(주식용) 빵.
نانوا	nãnvã	빵 만드는 사람.
ناوارد	nãvãred	미숙한. 설익은.
ناهار	nãhãr	점심식사. 오찬.
نایاب	nãyãb	얻기 어려운. 희귀한.
نبات	nabãt	식물.
نبض	nabz	맥. 맥박. 고동.
نبى	nabi	예언자. 사도.
نتیجه	natije	결과.
نتیجه گرفتن	natije gereftan	결과를 얻다. 결론짓다.
نثر	nasr	산문.
نجات	ne/a/jãt	구제.
نجات دادن	ne/a/jãt dãdan	구출하다. 구조하다.
نجار	najjãr	목공.
نجوم	nojum	نجم 의 복수. 천문학.

		점성술.
نجيب	najib	고귀한. 고상한.
نحو	nahv	방법. 방식.
نخ	nakh	실. 끈.
نخست	na/o/khost	제일의. 최초의. 첫째의.
نخست وزير	na/o/khost vazir	수상.
نخستين	na/o/khostin	최초의. 첫째의. 제일의.
نخود	nokhod	완두콩.
ندرت	nodrat	진기.
به ندرت	be nodrat	거의 ...하지 않다.
نديم	nadim	측근. 가까운 벗.
نر	nar	수컷의.
نرخ	nerkh	요금. 비율.
نرخ تسعير	nerkhe tas'ir	환산율. 환전율.
نرد	nard	주사위놀이.
نردبان	nardbãn	사다리. 사닥다리.
نرگس	narges	수선화.
نرم	narm	부드러운. 연한.
نزد...	nazde...	...한테. ...허락하에. ...가까이.
نزديک	nazdik	가까운.
نزديک...	nazdike...	...근처에. ...가까이에.
نزديک شدن	nazdik shodan	가깝게 되다. 접근하다.
نزول	nozul	강하. 내려옴.
نزهت	nozhat	오락. 휴양.
نژاد	nezhãd	인종. ...계(系). 일족.
نساجى	nassãji	뜨개질.
نسب	nasab	혈통. 가문.
نسبت	nesbat	관계. 친척. 관련.
نسبت به...	nesbat be...	...에 비해. ...에 대해서.
نسبتاً	nesbatan	비교적. ...에 비례하여. 어느 정도까지. 다소.
نسخه	noskhe	처방전. 복사. 카피.
نسخه خطى	noskhe khatti	원고. 사본.

نسل	nasl	세대.
نسیم	nasim	미풍.
نشاط	neshāt	기쁨. 생기. 환희.
نشان	neshān	기호. 부호. 징조. 표시.
نشان دادن	neshān dādan	보여주다. 지시하다.
نشاندن	neshāndan	نشان 어근. 앉게하다. 앉히다.
نشانه	neshāne	표적. 목표. 부호. 표시.
نشانی	neshāni	주소.
نشر	nashr	출판.
نشستن	neshastan	نشین 어근. 앉다. 내려앉다.
نشیمن	neshiman	거주.
اطاق نشیمن	otāqe neshiman	거실.
نصب	nasb	설치.
نصف	nesf	1/2. 반.
نصف شب	nesfe shab	한밤중.
نصیب	nasib	배당. 몫.
نصیحت	nasihat	충고.
نطق	notq	스피치. 연설. 웅변.
نظارت	nezārat	통제. 감독. 관리.
نظافت	nezāfat	청결. 깨끗함. 청소.
نظافتچی	nezāfatchi	청소부.
نظام	nezām	군대. 질서.
نظامی	nezāmi	군대의.
نظام الملک	nezāmolmolk	네점올몰크(인명).
نظر	nazar	의견. 견해.
به نظر...	be nazare...	...의견으로는. ...생각으로는.
به نظر آمدن	be nazar āmadan	보여진다. 보인다.
در نظر داشتن	dar nazar dāshtan	고려하다.
نظم	nazm	운문.
به نظم آوردن	be nazm āvardan	시로 읊다.
نظیر	nazir	유사한. 같은 모양의.
نعمت	ne'mat	은혜. 은총.

نعمت خدا	ne'mate khodã	신의 은혜. 신의 은총.
نغمه	naghme	멜로디. 곡조. 가락.
نفت	naft	석유.
نفر	nafar	...인(人). ...명(名). 개인.
دو نفری	do nafari	2인용.
نفرین	nefrin	저주.
نفس	nafas	호흡. 숨.
نفس کشیدن	nafas keshidan	호흡하다. 숨쉬다.
نفس	nafs	자신. 자아.
نفع	naf'	이익. 수익.
نفوذ	nofuz	영향.
نفی	naïf	부정(否定).
نفیس	nafis	귀중한.
نقاب	neqãb	베일. 가면. 복면.
نقاد	naqqãd	비평가.
نقاش	naqqãsh	화가.
نقاشی	naqqãshi	그림.
نقاط	noqãt	نقطه 의 복수. 점(点).
نقد	naqd	현금.
نقره	noqre	은(銀).
نقصان	noqsãn	감소.
نقش	naqsh	그림. 설계. 도안.
نقشه	naqshe	지도.
نقل	naql	운송. 인용. 인용. 이야기.
نقل	noql	사탕과자.
نقطه	noqte	점(点).
نکاح	nekãh	혼인. 결혼. 결혼식. 결혼생활.
نکته	nokte	요점. 점.
نگار	negãr	그림.
نگاشتن	negãshtan	نگار 어근. 그리다. 묘사하다.
نگاه داشتن	negãh dãshtan	보존하다. 멈추다.

نگاه کردن	negãh kardan	보다. 주시하다. 응시하다.
نگران	negarãn	걱정스러운. 근심되는.
نگران نباش	negarãn nabãsh	걱정마(구어).
نگرانی	negarãni	걱정. 근심.
نگریستن	negaristan	نگر 어근. 보다. 눈여겨보다.
نگون	negun	뒤집힌. 거꾸로 된. 전도한.
نگین	negin	보석인장.
نم	nam	서리. 습기.
نماز	namãz	예배. 기도.
نماز خواندن	namãz khãndan	예배하다. 기도하다.
نماز گذاشتن	namãz gozãshtan	기도하다. 예배하다.
نمایش	namãyesh	표현. 전시.
نمایش دادن	namãyesh dãdan	상연하다. 전시하다.
نمایشگاه	namãyeshgãh	전시장.
نماینده	namãyande	대표자.
نماینده مجلس	namãyandeye majles	국회의원.
نمایندگی	namãyandegi	대표. 대표의 신분.
نمره	nomre	점수. 번호.
نمک	namak	소금.
با نمک	bã namak	매력적인. 귀여운.
نمکی	namaki	매력적인. 귀여운.
نمودن	namudan	نما 어근. 나타내다.
نمونه	nemune	유형. 견본. 본보기.
ننگ	nang	치욕. 경멸.
نو	nou	새로운. 현대의. 최근의.
سال نو	sale nou	새해. 신년.
نواحی	navãhi	ناحیه 의 복수. 지방. 지역.
نواختن	navãkhtan	نواز 어근. 애무하다. 악기를 켜다. 포옹하다.
نوار	navãr	리본. 끈. 테잎.
نوازش	navãzesh	애무. 연주.
نوازنده	navãzande	연주자. 애무자.
نوامبر	novãmbr	서기력 11월.

نوبت	noubat	순서. 순번. 차례.
نود	navad	90.
نودم	navadom	제 90의. 90번째의.
نور	nur	빛. 광선.
نوروز	nouruz	이란의 신년 1일(서기력 3월 21일에 해당).
نوزده	nuzdah	19.
نوزدهم	nuzdahom	제 19의. 19번째의.
نوش	nush	술취함. 즐거움. 흥쾌한.
نوش جان	nush e jān	건배.
نوشابه	nushābe	음료. 음료수.
نوشتن	neveshtan	نویس 어근. 쓰다.
نوشیدن	nushidan	نوش 어근. 마시다.
نوشیدنی	nushidani	음료. 마실 수 있는.
نوع	nou'	종류. 질(質).
نوک	nok	부리. 끝.
نوکر	noukar	하인. 부하.
نوه	nave	손자.
نویسنده	nevisande	작가. 필자.
نوئل	no'el	크리스마스.
نوین	novin	새로운. 최근의. 현대의.
نه...	na...	...아닌.
نه... بلکه...	na...balke...	...아니고...오히려...이다.
نه تنها... بلکه هم...	na tanhā...balke ham...	뿐 만 아니고...도....
نه فقط...بلکه نیز...	na faqat...balke niz...	뿐 만 아니고...도...
نه خیر	na kheir	아니오. 부정.
نه... نه...	na...na...	....도 ...도 아닌.
نه	noh	9.
نهادن	nehādan	نه 어근. 두다. 놓다.
ناهار = نهار	nāhār = nahār	점심식사. 오찬.
نهان	nehān	숨기는. 감추는.
نهایت	nehāyat	마지막. 종말.
بی نهایت	be nehāyat	한없이. 끝없이.

نهائی	nehāyi	최종의.
نه صد	noh sad	900.
نه صدم	noh sadom	제 900의. 900번째의.
نهفتن	nehoftan	نهان 어근. 숨기다. 감추다.
نهم	nohom	제 9의. 9번째의.
نی	nei	갈대. 피리.
نیا	niyā	선조. 조상.
نیابت	niyābat	대리.
نیازمند	niyāzmand	필요한.
نیاکان	niyākān	نیا 의 복수. 선조.
نیت	niyat	의도. 욕망. 소망. 염원.
نیرنگ	neirang	사기. 속임수. 마술. 마법.
نیرو	niru	힘. 세력.
نیروگاه	nirugāh	발전소.
نیرومند	nirumand	강한. 힘있는.
نیز	niz	또한. 게다가.
نیزه	nize	창. 작살.
نیش	nish	가시. (짐승의)송곳니.
نیشاپور	nishāpur	니셔푸르(지명).
نیشکر	neishekar	사탕수수.
نیک	nik	좋음. 선. 좋은.
نیکوکار	nikukār	선행.
نیکی	niki	선(善).
نیم	nim	반(半). 1/2. 절반의.
نیم رخ	nim rokh	옆모습. 측면도.
نیمرو	nimru	후라이한 달걀.
نیمکت	nimkat	벤치.
نیمه	nime	반(半). 반의. 절반. 절반의.

و

و	va/o/	그리고. 과.
وا ایستادن	vā istādan	멈추다. 서다.
وا بسته	vā baste	관계가 있는. 교류하는.
واجب	vājeb	강제적인. 의무적인. 필요한.
واجب بودن	vājeb budan	의무적이다. 당연하다.
واجد	vājed	소유하는. 보유하는.
واخ	vākh	오. 아. 어머(감탄사).
واحد	vāhed	단위. 하나의.
درس سه واحدی	dars e se vāhedi	3학점 과목.
وا دادن	vā dādan	넘겨주다. 맡기다. 내버리다.
وادار کردن	vādār kardan	설득하다.
وا داشتن	vā dāshtan	정하다. 임명하다. 세우다.
وادی	vādi	골짜기. 골.
وارث	vāres	상속인.
وارد	vāred	도착한. 들어간. 적용된.
وارد شدن	vāred shodan	도착하다. 들어오다.
وارد کردن	vāred kardan	들어오게 하다. 등록하다. 수입하다.
وارسی	vāresi	조사. 연구. 심사.
وا زدن	vā zadan	거절하다. 배제하다.
واژگون	vāzhegun	거꾸로 된. 뒤집힌.
واژه	vāzhe	단어. 어휘. 낱말.
واسطه	vāsete	중개인. 원인. 이유.
به واسطه	be vāsete	…을 이유로.
واضح	vāzeh	명백한. 분명한.
واضح بودن	vāzeh budan	명백하다. 분명하다.
واعظ	vā'ez	설교자. 전도자.
واقع	vāqe'	위치한. 사실.
واقع بودن	vāqe' budan	위치하다.
در واقع	dar vāqe'	정직하게. 사실대로.
واقعاً	vāqe'qn	진실로. 참으로. 사실상.

واقعه	vāqe'e	사건. 일.
واقعی	vāqe'i	사실의. 진실의.
واقف	vāqof	알고 있는. 의식하고 있는.
واکس	vāks	왁스. 광택. 윤기.
واکس زدن	vāks zadan	구두를 닦다. 윤기내다.
وا گذاشتن	vā gozāshtan	양도하다. 맡기다.
واگن= واگون	vāgon =vāgun	차. 차량.
واگون تختخواب	vāgun e takhtekhāb	침대차.
واگن غذاخوری	vāgone ghazākhori	식당차.
والاحضرت	vālāhazrat	전하.
والد	vāled	아버지.
والده	vālede	어머니.
وام	vām	빚. 부채.
وای	vāy	오. 아. 어머. 와 (비탄. 슬픔. 한탄).
وجود	vojud	존재. 실존.
وجود داشتن	vojud dāshtan	존재하다.
وجه	vajh	방법. 양식. 표면.
وحش	vahsh	야생동물. 야수.
باغ وحش	bāghe vahsh	동물원.
وحشت	vahshat	공포. 두려움.
وداع	vedā'	안녕. 잘가.
وداع نامه	vedā' nāme	고별사. 작별편지.
ودکا	vodkā	보드카.
ورزش	varzesh	체조. 운동. 경기. 스포츠.
ورزشکار	varzeshkār	운동선수. 스포츠맨.
ور شکست	varshekast	파산한. 지불불능의.
ور شکست شدن	varshekast shodan	파산하다.
ورق	varaq	(책의) 한 장. 트럼프.
ورق بازی	varq bāzi	카드놀이. 트럼프놀이.
ورم	varam	팽창. 부풀음. 염증.
ورود	vorud	도착. 입구.
وزارت	vezārat	성(省). 부(部).

وزارت آموزش و پرورش	vezãrate ãmuzesh o parvaresh	교육부.
وزارت اطلاعات	vezãrate etelã'ãt	정보부. 국정원.
وزارت اقتصاد و دارایی	vezãrate eqtesãd o dãrãyi	재무부. 기획재정부.
وزارت امور خارجه	vezãrate omure khãeje	외무부. 외교부.
وزارت بازرگانی	vezãrate bãzargãni	통상부.
وزارت بهداری	vezãrate behdãri	복지부. 보건복지부.
وزارت دادگستری	vezãrate dãdgostari	법무부.
وزارت فرهنگ و هنر	vezãrate farhang o honar	문화예술부. 문화체육관광부.
وزارت کشاورزی	vezãrate keshãvarzi	농림부. 농림축산식품부.
وزارت کشور	vezãrate keshvar	내무부.
وزرا	vozarã	وزیر 의 복수. 장관.
وزن	vazn	중량. 무게.
وزیر	vazir	장관. 대신.
وزیدن	vazidan	وز 어근. 바람이 불다.
وزیر امورخارجه	vazire omure khãreje	외무부장관.
وزین	vazin	무거운.
وسایل	vasãyel	وسیله 의 복수. 수단. 설비.
وسط	vasat	중간. 중간의. 중심. 중심의.
در وسط...	dar vasate...	...의 한가운데.
وسعت	vos'at	넓이. 크기. 면적. 범위.
وسیع	vasi'	큰. 상당한. 넓은.
وسیله	vasile	방법. 수단.
به وسیله...	be vasileye...	...을 수단으로.
وصف	vasf	묘사. 기술.
وصل	vasl	접합. 연결.
وصیت	vasiyat	유언.
وضع	vaz'	상태. 입장.
وضو	vozu	예배전에 몸을 씻는 의례.
وطن	vatan	모국. 고국.
هم وطن	hamvatan	동포.
وظیفه	vazife	의무.
وعده	va'de	약속기한. 마감시간.

		한끼 식사.
وفا	vafã	성실. 충성.
وفا کردن	vafã kardan	충실하다. 충절을 남기다.
با وفا	bã vafã	충실한. 성실한.
بی وفا	bi vafã	신의없는. 변하기 쉬운.
وفات	vafãt	서거. 사망.
وفات کردن	vafãt kardan	죽다. 세상을 떠나다.
وفادار	vafãdãr	충실한. 성실한. 충성스러운.
وقت	vaqt	시간. 때.
وقتی...	vaqti...	...때.
وقتیکه...	vaqtike...	...할 때.
سر وقت	sare vaqt	제 시간에. 제때에. 정시에.
وقف	vaqf	기증.
وکیل	vakil	변호사.
وکیل مجلس	vakile majles	의원. 국회의원.
وکیل مدافع	vakile modãre'	변호인.
ول	vel	풀린. 자유로운.
ول کردن	vel kardan	자유에 맡기다. 풀어놓다.
ولایت	velãyat	지방. 도. 주.
ولی	vali	그러나.
ولیعهد	vali'ahd	황태자. 계승자.
وی = او	vei = u	그. 그녀.
ویران	virãn	황폐한. 폐허가 된.
ویژه	vizhe	특별한.
به ویژه	be vizhe	특히.
ویسکی	viski	위스키.
ویلا	vilã	빌라.

ها...	hã	...들(복수).
کتاب ها	ketãb hã	책들.
هاتف	hãtef	신비한 음성.
هتل	hotel	호텔.
هجری	hejri	헤지라력(曆).
هجده	hejdah	18.
هجدهم	hejdahom	제 18의. 18번째의.
هجو	hajv	비방. 풍자.
هجوم	hojum	공격. 돌진. 습격.
هدایت	hedãyat	지도. 안내. 유도.
هدیه	ha/e/diye	선물. 증여.
هر	har	매(每). 전부의.
هر دو	har do	둘 다. 양쪽. 쌍방.
هر روز	har ruz	매일.
هر سال	har sãl	매년. 매해.
هر ماه	har mãh	매달. 매월.
هر آنچه...	har ãnche...	...은 무엇이라도. 어떤 방법으로....해도.
هر آنکه...	har ãnke...	...하는 사람은 누구라도.
هراس	harãs	공포. 무서움.
هر جا که...	har jã ke...	...는 어디라도.
هر چند...	har chand...	비록...일지라도. 아무리... 일지라도. 하지만...일지라도.
هر چه...	har che...	무엇이든. 아무리...해도. 될 수 있는 한...
هر چه بادا باد	har che bãdã bãd	될대로 되라.
هر چه زودتر	har che zudtar	가능한 빨리. 될 수 있는 한 빨리.
هر چیزی که...	har chizi ke...	هر چه 와 동일.
هر قدر	har qadr	아무리...해도. 비록 무엇이. 하는 만큼 많이.

هر کدام که...	har kodãm ke...	...هر که 와 동일.
هر کس که...	har kas ke...	...هر که 와 동일.
هر کسی که...	har kasi ke...	...هر که 와 동일.
هر که...	har ke...	...하는 사람은 누구라도.
هرگز... نه...	hargez...na...	결코...하지 않는...
هرگاه...	hargãh...	만일...라면. ...때는 언제나.
هزار	hezãr	1000.
هزاران	hezãrãn	수천의. 많은.
هزارم	hezãrom	제 1000의. 1000번째의.
هزارها	hezãrhã	수천의. 많은.
هزینه	hazine	비용. 경비.
هسته	haste	핵(核). 중추.
هستی	hasti	존재.
هشت	hasht	8.
هشت پا	hasht pã	낙지.
هشتاد	hashtãd	80.
هشتادم	hashtãdom	제 80의. 80번째의.
هشتم	hashtom	제 8의. 8번째의.
هشتصد	hashtsad	800.
هشتصدم	hashtsadom	제 800의. 800번째의.
هضم	hazm	소화. 소화력.
هضم کردن	hazm kardan	소화하다. 흡수하다.
هفت	haft	7.
هفت سین	haft sin	이란의 신년 설날 상에 올리는 문자 س 으로 시작하는 7가지 음식이나 물건.
هفتاد	haftãd	70.
هفتادم	haftãdom	제 70의. 70번째의.
هفتصد	haftsad	700.
هفتصدم	haftsadom	제 700의. 700번째의.
هفتگی	haftegi	일주간에. 한 주에.
هفتم	haftom	제 7의. 7번째의.
هفته	hafte	한주일. 주간.

آخر هفته	ãkhar e hafte	주말.
هفته ی آینده	hafteye ãyande	내주.
هفته ی پیش	hafteye push	전주.
هفته ی دیگر	hafteye digar	다음 주. 내주.
هفته ی گذشته	hafteye gozashte	지난 주. 전주.
این هفته	in hafte	이번 주.
هفته نامه	hafte name	주간지.
هفده	hefdah	17.
هفدهم	hefdahom	제 17의. 17번째의.
هکتار	hektãr	헥타르.
هلاک	halãk	파멸. 멸망.
هلال	helãl	초승달.
هلند	holend	네델란드.
هلندی	holendi	네델란드의. 네델란드인. 네델란드어.
هلو	holu	복숭아.
هم	ham	..도. 같음(同). 바로.
هم... هم...	ham...ham...	...도 ...도.
هما	homã	영조(靈鳥).
همان	hamãn	바로 그. 바로 저.
همانجا	hamãnjã	바로 그곳. 바로 저곳.
همانطور	hamãntour	바로 그렇게. 바로 그와같이.
هم آهنگی	hamãhangi	조화. 일치.
همانند	hamãnand	...와 같은. 서로 같은.
همت	hemmat	열의. 야망.
همچنان	hamchonãn	바로 그와 같은.
همچنین	hamchonin	바로 이와 같은.
همدان	hamadãn	하마던(지명).
همدرد	hamdard	동정심있는. 동조자.
همدردی	hamdardi	동정. 연민.
همراه...	hamrãhe...	...와 함께.
همراه خود داشتن	hamrãhe khod dãshtan	함께 가다. 동행하다.
به همراهی...	be hamrãhi...	...와 함께. 동행하여.

		...의 도움으로.
همزمان	hamzamān	동시의. 동시대인.
همزه	hamze	단모음 부호명.
همسایه	hamsāye	이웃사람. 근처의. 이웃의.
همسر	hamsar	배우자.
همشیر	hamshir	젖형제. 같은 젖을 먹고 자란 아이.
همکار	hamkār	동료. 동업자. 협력자.
همکاری	hamkāri	협조. 협력.
همکاری کردن	hamkāri kardan	협력하다.
همکلاس	hamkelās	동급생.
همگی	hamegi	전부. 전체의. 모두. 전체.
هموار	hamvār	평평한. 용이한. 쉬운.
همواره	hamvāre	언제나. 항상. 늘.
همه	hame	모두. 전부. 전체.
همه روز	hame ruz	하루 종일. 온종일.
همه شب	hame shab	밤새내내.
همه چیز	hame chiz	모든 것. 무엇이라도.
همیشه	hamishe	언제나. 항상. 늘.
همین	hamin	바로 이것. 오직 이것.
همینجا	haminjā	바로 이곳. 바로 이곳에.
همینطور	hamintour	이처럼.
همینکه	haminke	하자마자. 동시에. ...할 때.
هند و اروپایی	hedu orupāyi	인도 유럽어족.
هندوانه	hendevāne	수박.
هندوستان	hendustān	인도.
هندی	hedi	인도인. 인도의.
هنر	honar	예술. 기술. 재능. 솜씨.
هنر پیشه	honar pishe	배우.
هنرستان	honarestān	기술학교.
هنرمند	honarmand	기술이 뛰어난. 기술이 있는 사람. 예술적인. 예술적인 사람.

هنگام	hangãm	때. 시간. 시기.
هنگامیکه...	hangãmike...	...할 때.
هنوز	hanuz	아직.
هنوز... نه	hanuz...na	아직...아닌.
هوا	havã	공기. 날씨. 하늘.
هواپیما	havãpeimã	비행기. 항공기.
هوایی	havãyi	공중의. 항공의.
نامه ی هوایی	nãmeye havãyi	항공우편.
هوس	havas	욕구. 정욕. 갈망.
هوس رانی	havasrãni	욕망에 빠진. 호색한.
هوش	hush	지성. 의식.
با هوش	bã hush	총명한.
بی هوش	bi hush	총명하지 않은. 기절한.
هوشمند	hushmand	총명한. 영리한. 현명한.
هویت	hoviyat	신분. 신원.
هویت نامه	hoviyat nãme	신분증명서.
هویج	havij	당근.
هیبت	heibat	경외. 두려움. 공포.
هیچ	hich	하나의. ...없는. ....조금이라도. 전혀...아니다. (부정문사용).
هیچ... نه	hich...na	결코...아니다.
هیچ وقت... نه	hich vaqt...na	결코...아니다. ....한적이 없다.
هیزم	hizom	장작. 땔감.
هیکل	heikal	모양. 형태. 모습.
هیئت	hei'at	단체. 위원회. 구룹. 회의.
هیئت مدیره	hei'ate modire	중역회의. 이사회.
هیئت دان	hei'atdãn	천문학자.

ی

یا	yã	혹은. 또는.
یا... یا...	yã... yã...	...또는...또는. ...혹은...혹은...
یا	yã	오!. 야!(감탄).
یاالله	yãallãh	오 신이시여(재촉이나 기원을 하는 경우 또는 짐을 올릴 때 사용).
یاد	yãd	기억.
یاد آمدن	yãd ãmadan	기억하다. 생각나다.
یاد داشتن	yãd dãshtan	기억하고 있다. 생각하고 있다.
یاد گرفتن	yãd gereftan	배우다.
یاد داشت	yãd dãsht	메모.
یادگار	yãdgãr	기념품. 기념.
یار	yãr	친구. 동료.
یارو	yãru	놈. 사나이. 녀석.
یاری	yãri	원조. 도움. 우정.
یاری کردن	yãri kardan	도와주다. 우정을 표하다.
یازده	yãzdah	11.
یازدهم	yãzdahom	제 11의. 11번째의.
یاس	yãs	재스민. 라일락.
یأس	yã's	절망. 자포자기.
یافتن	yãftan	یاب 어근. 얻다. 찾다. 획득하다. 구하다.
یاقوت	yãqut	루비.
یتیم	yatim	고아. 부모없는.
یخ	yakh	얼음. 매우 찬.
یخ بستن	yakh bastan	얼다.
یخچال	yakhchãl	냉장고.
یخه = یقه	yakhe	깃. 칼라.
یدکی	yadaki	예비의. 여분의.
یزدان	yazdãn	신. 하느님.

یعنی	ya'ni	즉. 말하자면.
یقین	yaqin	확실한. 확실. 확실히.
یقین داشتن	yaqin dãshtan	확신하다.
یک	yek	1.
یکسره	yeksare	편도.
یکشنبه	yekshanbe	일요일.
یکم	yekom	제 1의. 첫번째의.
یکی	yeki	한사람. 어떤 사람. 누군가. 아무개. 일치. 단일성.
یکی از	yeki az	...중의 하나.
یکی دیگر	yeki digar	하나더.
یکی یکی	yeki yeki	하나씩.
یک نواخت	yek navãkht	단조로운. 무미건조한.
یگانه	yegãne	하나의. 유일한. 비교할 수 없는.
یمن	yaman	예멘.
یواش	yavãsh	천천히. 부드럽게.
یوز	yuz	치타.
یوسف	yuse/o/f	유세프. 요셉(인명).
یونان	yunãn	그리스.
یونانی	yunãni	그리스인. 그리스어.
یهود	yahud	유대인.
یهودی	yahudi	유대인의. 유대교도.
ییلاق	yeilãq	피서지.